생활수도사로 사는

하루의 기적

생활수도사로 사는
하루의 기적

오규훈

삶을 새롭게 하는
생활수도사 영성과 자기계발

비전북

차례

3장 마음 성경 지도로 세상에서 승리한다

4장 주제가 있는 저녁을 살라

5장 하루의 기적은 생활수도사가 되는 삶이다

하루의 삶이 축적되어 평생의 삶을 만든다는 이치는 너무 당연하나 그 하루의 삶을 기적처럼 영접하여 최선을 다해 살아내기란 쉽지 않다. 마찬가지로 그리스도인으로서 우리가 주님 앞에서 신앙의 목표에 충실하며 신실하게 살아가야 한다는 명제도 그 당위성만큼 내실이 늘 풍성하게 드러나는 것도 아니다. 오히려 좌절과 낭패, 실의와 우울, 무기력과 열패감을 강요하는 것이 이 정글 같은 세속 사회의 적나라한 현실이다.

신앙생활을 통해 우리는 모두 행복을 추구하고 여유 있고 즐겁게 잘 살길 원하는 공통의 목표를 갖고 있지만, 이 원론적인 목표는 구체적인 하루의 일상 가운데 갈지자 모양으로 파행하는 경우가 얼마나 잦은가. 한참을 성찰하면서 깨닫는 한 가지 아픈 자각은 우리가 하루의 오밀조밀한 일상의 현장에서 삶을 살아내는 기술이 매우 취약하고 그 방법과 실천 전략이 너무 무르고 성글다는 사실이다.

《생활수도사로 사는 하루의 기적》은 이러한 거품이 범람하는 우리 신앙생활의 허방을 예리하게 포착하면서 '하루의 기적'을 일구어가는 방법과 전략을 장착하여 그 실천적 대안을 제시하기 위해 쓴 유익하고 유용한 다목적 교재라 할 수 있다. 저자의 기획대로 이 책은 "말씀과 기도로 이루어지는 신앙생활을 토대로, 심리학적 통찰력과 자기계발을 하나로 통합하여 구성한" 현대 그리스도인들의 생활수도 지침서라 할 만하다.

그동안 성공지향적인 삶의 갈증을 부추기며 부단히 자신을 조련하고 채찍질하는 방향의 세속적 자기계발서는 풍성했지만, 신앙생활의 본질적 목표에 충실하면서 하루의 삶을 신실하게 살 수 있게 도와주는 신앙적 자기계발서는 너무 미흡했다. 이 책은 이러한 필요에 적극적으로 응답하면서 "삶의 틀을 만들고 그 안에 삶의 필수요소들을 공급하고 조화를 이루어 온전한 삶의 열매로 맺히도록" 돕는 자기계발의 각론들을 세밀하게 제시하고 있다.

이 책의 호소력이 예사롭지 않게 다가오는 것은, 저자 오규훈 목사가 복잡한 공생애의 급박한 세월을 가쁘게 달려온 뒤 2년간 제주에서 공동체적 안식을 경험하면서 깨달은 교훈의 주체적 진정성에 기인하는 바가 크다. 목회자로서, 또 목회상담학자로서, 신학생을 가르치는 교수와 신학대학의 총장으로서 저자가 쌓아온 경륜도 이 책의 신뢰성을 높여주지만, 성경의 교훈을 자신의 몸과 마음의 지도에 새겨지도록 창의적으로 재조명하여 알찬 영성 훈련과 일상생활 운영의 질료로 삼고자 하는 시도 또한 참신하게 다가온다. 성경의 기계적인 알레고리 독법은 지양해야겠지만, 어떤 비유적 적용은 단순하고 담백하면서도 쓸데없이 복잡한 현대인의 두뇌를 청량하게 청소해주는 효과가 있다.

세상은 여전히 부박하고 교회는 여전히 이 세상의 각종 도전에 허덕거린다. 특히 3년째 진행 중인 코로나19 파동으로 인해 그리스도인들마저 저만의 깊은 둥지에 똬리를 튼 채 두려움과 불안에 사로잡혀 전전긍긍해온 무기력의 날들이 또 한 해를 마무리하며 휑하니 지나간다. 이 세상에서 살아가면서도 이 세상에 속하지 않은 그리스도인의 고유한 정체성을 다시 견실하게 세워나가야 하는 이즈음, 우리 한 사람 한 사람이 그리스도 안에서 하루를 잘 살아내는 신실한 일상 영성의 실천이 더욱 긴요하게 여겨진다. 이 책은 그 목적에 부합하는 적절한 지침을 제공함으로써 우리 신앙생활이 효과적인 자기계발과 연계되어 풍성한 생명으로 결실하도록 돕는 기폭제가 되리라 믿는다.

— 차정식 한일장신대 신약학 교수·전 한국신약학회장

프롤로그

하루의 기적을 말하기까지

하루의 기적을 말하기 전에, 20년간 몸담았던 신학교를 은퇴하고 제주에서 안식의 삶을 살도록 인도하신 하나님의 섭리와 계획을 먼저 이야기하고 싶다. 하루의 기적은 그 전환기의 삶이 열매로 맺어진 것이기 때문이다.

새벽에 일찍 일어나는 습관만큼은 예수를 믿기 시작하면서부터 내 몸에 밴 것 같다. 평생 새벽기도회를 통해 받은 은혜는 말할 수 없이 많다. 유학 생활 10년간은 새벽기도회를 마친 새벽 6시부터 교회 출근 시간인 아침 9시까지 아무에게도 방해받지 않고 박사 과정 공부에 집중하면서 목회와 공부를 병행하였다. 그런 삶이 한국에 돌아와 교수로 섬기면서도 계속된 것은 하나님의 은혜였다. 교수로 일하면서 교회를 섬기고 교회 개척까지 할 수 있었던 것도 전적으로 새벽기도로 입은 은혜 덕분이라고 생각한다.

2019년 가을에 총장 임기 4년을 마치고 사역지를 찾던 중, 연말에 제주로 내려왔다. 신대원을 졸업한 후로부터 30년간 쉴 새 없이 달려온 터라 새로운 사역을 앞두고 안식이 필요하다고 느꼈다. 개인적으로 총장 은퇴 후 교회 목회를 소원했지만 하나님께서는 목회지가 아닌 다른 곳을 예비하고 계셨다. 하나님의 인도하심 가운데 서귀포 지역에 암 수술을 한 환우들의 재활을 돕는 공동체에서 지냈다.

그 공동체에서 2년을 머물며 환우들의 신앙과 기도의 삶을 돕기 위해 새벽기도회와 정오 중보기도회를 시작했다. 공동체의 특성상 나가고 들어오는 사람이 많으니, 목회자가 없어도 자율적으로 드릴 수 있는 예배나 기도 모임을 하는 것이 좋겠다는 생각이 들었다. 예배 순서를 간략하게 구성하여 예배를 인도하는 사람이 목회자가 아니어도 매뉴얼을 따라 인도하면 되도록 했다. 새롭게 구상한 새벽기도회의 핵심은 목회자의 설교가 없다는 것이다. 가장 간단한 예배 순서의 틀을 가지고 참석한 사람들이 매일 시편 다섯 편을 읽는데, 한 사람이 두 절씩 돌아가면서 읽었다. 한 달이면 시편 150편 전체를 한 번 읽을 수 있었다.

그곳에서 머무는 동안 하루하루 삶의 틀이 하나씩 만들어지기 시작했다. 새벽 시편 읽기로부터 시작해서 건강한 식사, 공동체 식구와의 교제, 운동, 산행, 기도, 그리고 글쓰기와 영성 일기 등으로 구성된 하루의 삶을 살기 시작했다. 처음부터 계획한 것은 아니었는데, 그렇게 하루하루를 지내면서 나의 일과를 날마다 세밀하게 돌아볼 수 있었다. 그리고 지난 30년의 신앙생활을 돌아보면서 몸과 마음과 영혼을 규칙적으로 돌보는 영성 생활이 틀을 만들어가기 시작했다. 그렇게 '하루의 기적'을 살아가기 시작했고, 날마다 '하루의 기적'을 살아내는 삶의 토대가 만들어졌다.

이렇게 제주에서 2년을 보내면서 만들어진 '하루의 기적'의 삶을 이제 한국교회의 모든 성도에게 소개하고자 한다. 개인적으로는 은퇴 후에 새롭게 시작한 삶이지만, 하루 기적의 삶은 은퇴한 사람에게만 적용되는 삶은 아니다. 청년부터 중년과 노년에 이르기까지 모두 적용할 수 있다. 나는 한국교회의 모든 성도가 이 하루의 기적을 살아가기를 소원한다. 그것이 21세기 한국교회가 거룩함을 회복하고 세상을 바꾸는 경건의 영성으로 무장하는 길임을 확신하기 때문이다.

영성과 자기계발이 만나다

이 책은 말씀과 기도로 이루어지는 신앙생활을 토대로, 심리학적 통찰력과 자기계발을 하나로 통합하여 구성한 책이다. 하루의 삶을 세밀하게 설계해서 효율적인 삶의 틀을 갖추되, 이를 말씀과 기도로 이루어진 영적 토대 위에 세웠다. 그 하루의 삶을 벽돌 한 장을 쌓는 마음으로 살아가면서 영적 습관을 만들어가면, 하루의 기적이 인생의 기적이 되는 삶을 살 수 있음을 보여준다.

기독교 분야에서 영성과 함께 자기계발을 다룬 서적이 거의 없기에 영성과 자기계발을 연합하려고 시도했다. 한국교회는 전통적으로 신앙 성숙과 영적 훈련을 강조해왔다. 교회에서 신앙생활을 제대로 하는 것이 성숙한 교인이 되는 길이라고 생각했기 때문이다. 그런데 교회 중심적 신앙생활이 교회 안에서는 어떨지 몰라도 교회 밖, 곧 가정과 사회에서도 동일하게 선한 영향력으로 이어지지 못했다.

무엇보다도 한국교회는 자기계발의 필요성을 깨닫지 못하고 있다. 과거에는 자기계발의 개념이 교회 안에 잘 알려지지 않았고, 신앙생활을 강조하는 것만으로도 충분했다. 하지만 20세기 말부터 한국 사회에 자기계발 문화가 등장하기 시작했다. 특히 21세기 포스트모더니즘 시대를 맞이해 세속화의 영향이 교회 안에까지 침투했다. 이념이나 종교적 신조와 같은 거대 담론을 거부하고 개인의 선택과 취향을 중시하는 경향이 강해진 것이다. 이런 문화에서는 개인이 하루하루의 일상생활 속에서 신앙적 질서와 가치를 담아내는 삶을 살기가 어려울 수밖에 없다. 그래서 성도의 기독교적 자기계발이 더욱 절실해졌다. 성도 한 사람 한 사람이 교회 안에서뿐 아니라 교회 밖에서도 크리스천으로 살아가도록 그 삶의 자세와 방법을 배우고 익혀야 했다.

자기계발과 신앙은 서로 다른 영역인데, 이제까지 한국교회는 이 점을 분명하게 구별하여 제시하지 못했다. 물론 교회에서 하는 신앙 훈련만으로도 자기계발이 어느 정도는 가능하다. 새벽기도회에 나가는 사람은 새벽에 일찍 일어나는 삶의 틀을 이미 갖추고 있다. 그러나 자기계발은 삶 전체를 더 세밀하게 구상하게 해준다. 둘은 서로 다르기 때문에 어느 하나가 다른 것을 대체할 수 없다. 오히려 서로 다르기 때문에 연합하여 상호 보완해줄 수 있다.

신앙은 믿음의 원리를 가르쳐서 하나님을 섬기고 이웃을 사랑하는 신앙생활, 곧 성숙한 신앙생활을 강조한다. 믿음으로 사는 삶의 목적은 세상에서 빛과 소금의 역할을 감당하고 하나님께 영광을 돌리는 데 있다. 이를 위해서 말씀을 읽고 기도하는 삶을 적극적으로 요구한다. 하나님의 뜻이라는 관점에서 선과 악을 구분하면서 '되어야만 하는' 모습을 강조한다. 하지만 신앙의 삶을 사는 주체인 인간의 심리학적·사회학적·생물학적 차원의 욕구와 행동 요인을 다 설명해주지는 않는다.

이에 비해 자기계발은 심리학, 생물학, 사회학, 경영학 등 다양한 인문과학 및 사회과학의 관점에서 나를 이해하고 얼마나 효율적으로 기능할 수 있는지를 알려주고 안내해준다. 최상의 삶을 사는 생활 방법을 제시하고 실천하도록 돕는다. 인간의 다양한 잠재력을 극대화하고 세상에서 성공적인 삶을 살도록 한다. 세상에서 내가 건강하게, 효율적으로, 성공적으로 살도록 도움을 준다. 그래서 신앙과 자기계발을 연계한다면 신앙을 토대로 최상의 영적 열매를 맺을 수 있는 삶의 틀을 만들어 풍요로운 신앙의 삶을 살아갈 수 있다. 이것이 바로 이 책이 의도하는 바다.

한국교회의 새로운 영적 부흥을 기대하며

말씀과 기도는 신앙생활의 기본이자 본질이다. 그런데 말씀과 기도를 기본으로 하는 한국교회의 신앙 훈련은 너무 익숙한 틀이 되어서, 도리어 생동감을 잃어버린 것처럼 보인다. 우리는 지금까지 예배 때 설교로 은혜를 받고, 성경 공부를 통해 하나님을 아는 지식을 더하고, 새벽기도 생활을 통해 영적으로 하나님께 다가가는 것을 신앙의 기본으로 알고 살아왔다. 그런데 이런 훈련이 신앙생활에서 배운 영적 은혜를 가지고 이 세상에서의 삶을 살아내도록 돕거나 가르치거나 안내하지는 못했다. 한국교회가 21세기를 맞이하며 이 세상에 거룩한 영향력을 제대로 발휘하지 못하는 이유 가운데 하나가 바로 이것이다.

21세기를 맞이하면서 우리는 세상의 탁월함을 익히면서도 세상과 섞이지 않는 거룩한 능력을 갖춘 크리스천이 되는 길을 추구하기 시작했다. 하루의 기적 역시 이런 삶을 목표로 한다. 영성과 자기계발을 연계한 하루의 기적을 통해 위기에 빠진 한국교회에 영적 회복이 일어나기를 기대한다. 한국교회 성도들이 세속화의 늪에서 빠져나와 무질서 속에 널브러진 삶의 파편들을 수도원의 수도사처럼 모아 정리해서 재건축하기를 바란다. 육신의 눈에는 보이지 않는 영적 가치를 삶의 열매로 담아내는 크리스천이 되기를 소망한다.

하루의 기적을 위한 기도

하루의 기적을 살게 하옵소서

·

생명과 시간의 주인 되시는 하나님 아버지!

지난밤 저의 생명을 지켜주시고 오늘 새벽을 열어주시어

하루 기적의 삶을 시작하게 하시니 감사합니다.

오늘 하루의 기적을 사는 동안 하나님의 은혜와 자비를 덧입게 하시며

기적의 삶을 쌓아가는 믿음과 지혜와 능력을 부어주소서.

세상의 위험을 이겨내고 유혹을 물리치게 하시고

독수리가 날개 치며 올라감 같은 하루가 되게 도와주소서.

하루를 마무리하며 기도하는 시간에

하루의 기적을 살아낸 것을 감사하게 하시고

내일의 기적을 꿈꾸며 잠자리에 들 수 있게 하소서!

예수님의 이름으로 기도합니다.

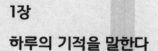

1장

하루의 기적을 말한다

"아침에 주의 인자하심이 우리를 만족하게 하사 우리를 일생 동안
즐겁고 기쁘게 하소서"(시 90:14). 모세의 기도다. 나는 이 말씀을 받
자마자 "그렇습니다! 감사합니다!" 하고 소리쳤다.

모세는 매일 아침 하나님의 인자하심을 경험하며 일생을 그렇게 살
기 원했다. 나도 그 아침의 은혜를 새벽부터 날마다 경험하고 한평
생 기쁘고 즐거운 인생을 살게 해달라고 기도한다. '하루의 기적'은
하나님의 인자하심을 힘입어 일상을 살아내고 기적 같은 인생을 세
워가는 영성의 핵심이다.

왜 하루의 기적인가?

일상 영성과 자기계발을 통합한 '하루의 기적'을 안내하는 책을 구상하며 기도하는 중에 하나님께서 주신 말씀이 있다. "아침에 주의 인자하심이 우리를 만족하게 하사 우리를 일생 동안 즐겁고 기쁘게 하소서"(시 90:14). 모세의 기도다. 나는 이 말씀을 받자마자 "그렇습니다! 감사합니다!" 하고 소리쳤다.

이 하나님 말씀을 토대로, 나는 아침에 시작되는 하루 삶이 일생의 만족을 결정한다는 담대한 선언을 하고자 한다. 모세는 매일 아침 하나님의 인자하심을 경험하며 일생을 그렇게 살기 원했다. 나도 그 아침의 은혜를 새벽부터 날마다 경험하고 한평생 기쁘고 즐거운 인생을 살게 해달라고 기도한다. '하루의 기적'은 하나님의 인자하심을 힘입어 일상을 살아내고 기적 같은 인생을 세워가는 영성의 핵심이다.

모세에게 '아침에 만나는 주의 인자하심'은 어떤 것이었을까? 아침마다 깨닫는 주의 인자하심에 대한 나의 고백은 이렇다. 아침이면 잠에서 깨어나 눈을 뜬다. 밤새 내 생명을 지켜주셨다고 생각하니 내 주위에 있는 모든 것들도 나에게 주신 선물이라는 깨달음이 더해진다. 내 몸이 누울 수 있는 침대와 거처할 집, 먹을 수 있는 음식과 건강, 사랑하는 가족들, 그리고 더불어 살아가는 이웃과 함께 일할 기회를 주셨다.

그뿐이 아니다. 하나님이 우주와 대자연을 만드시고 이를 우리에게 선물로 주셨다. 창밖에 보이는 푸른 나무와 숲, 그 가운데 피어 있는 이름 모를 꽃들과 나무 사이로 보이는 푸른 하늘, 그리고 그 하늘을 수놓은 하얀 뭉게구름…. 이 모두가 우리를 위해 하나님이 주신 선물임을 깨달으며, 하나님의 엄청난 베푸심과 인자하심에 다시금 감격한다. 모세도 아침마다 이런 깨달음을 체험하며 만족하다고 고백했을 것 같다. 만족은 곧 감사로 표현된다. 나도 모세처럼 감사의 고백과 함께 하나님의 인자하심을 마음에 담고 또 담으면서 하루의 기적을 너끈히 살아내기를 기도한다.

하루는 인생의 DNA다

세포가 모여 몸을 이루듯 하루가 쌓여 인생을 만든다. 세포 하나의 건강함이 몸의 건강을 결정하듯 하루 삶의 내용이 인생의 성패를 결정한다. 인생 전체에 비하면 하루 24시간은 눈 깜작할 정도의 짧은 시간이다. 하지만 하루 삶에는 인생을 사는 데 필요한 모든 DNA가 들어 있다. 먹는 것, 자는 것, 일하는 것, 쉬는 것, 그리고 사람들과 더불어 살아가는 것 등이 하루의 삶이자 인생 전체를 이루는 기본 요소다.

하지만 우리는 날마다 주어지는 하루를, 일회용 컵을 사용하듯 생각 없이 사용하고 쓰레기통에 던져버리듯 무의미하게 흘려보낼 때가 많다. 그 하루가 내 인생을 건축하는 데 꼭 필요한 한 장의 벽돌이라는 사실을 깨닫지 못한다.

오늘 내가 산 하루 삶이 명품이면 명품 인생이 만들어진다. 내가 오늘 하루를 성실하게 살았다면 내일도 성실하게 살려고 할 것이다. 물론 원치 않는 어려움으로 인해 성실하고자 했던 하루 삶이 그러지 못했을 수도 있다. 그러나 내일은 다시 성실하게 살려고 다짐할 것이기에 오늘 하루의 실패가 인생 실패로 이어지지 않는다. 주님으로부터 착하고 충성된 종이라 칭찬받을 사람은 다름 아닌 주어진 하루를 성실하게 사는 사람이다.

마찬가지로 오늘 하루의 불성실은 내일의 불성실로 이어진다. 어쩌다 오늘 운이 좋아 대박을 터뜨렸다 해도 십중팔구는 내일도 여전히 불성실의 삶이 이어질 것이다. 그 인생은 결국 불성실의 열매를 거두게 된다. 이는 한 달란트를 받아 그대로 묻어두었다가 주님께 꾸중을 듣고 있는 것마저 빼앗긴, 악하고 게으른 종의 모습이다.

우리의 인생 과제는 하루를 값지게 사는 것이다. 하나님께서는 우리에게 선물로 주신 시간까지 계수하신다. 오늘 하루를 어떻게 시작할 것이며 어떤 계획을 세워 어떤 마음으로 살아가고 무엇을 위해 살아가야 하는가를 확신하고 하루의 삶을 마무리하며 산다면, 그 하루는 온전한 하루가 된다. 나의 부족함과 미성숙은 둘째 문제다. 살아가는 동안 시간이 흐르면서 성장하고 성숙해질 것이기 때문이다. 더구나 우리에게 '네가 어디로 가든지 너와 함께하리라' 약속하신 하나님이 늘 우리와 동행하신다.

하루의 기적을 사는 사람은 매일 하루가 선물로 주어진 것을 믿고 감사로 하루를 시작한다. 내가 살아서 숨을 쉬고 있다는 것 그리고 하루 24시간의 삶을 살아갈 기회가 주어진 것이 선물이라고 생각하면 가슴이 뛰지 않을 수 없다. 학수고대하던 연인을 드디어 만날 기회를 얻어 그를 기다리며 맛보는 설렘과 같다.

무엇보다도 우리는 오늘 하나님이 함께하실 것을 믿는다. 그리하여 하루를 위한 세밀한 계획을 따라 아름다운 곡을 연주하듯 성령의 리듬을 좇아 살아간다. 내 가슴을 설레게 하는 인생의 목표가 있음에 감격하며 인생 건축을 위해 한 장의 벽돌을 쌓듯이 하루를 살아간다. 그리고 내일의 삶이 또 주어질 것을 기대하며 새로운 하루를 맞이한다.

하루의 기적을 사는 사람은 몸도 하나님이 주신 귀한 것임을 알기에, 영혼뿐 아니라 몸도 관리하며 영혼을 가꾸는 조화로운 균형의 삶을 산다. 하루의 삶을 마무리하고 돌아보며 그날의 삶을 매듭짓는다. 상처난 부분을 싸매고 미진한 부분을 다듬으며 내일의 삶은 더 나아질 것을 소망하며 잠자리에 든다. 하루 기적의 삶은 영적 싸움이지만, 동시에 아름다운 향기를 풍기는 꽃 한 송이를 키우고 풍성한 열매를 맺는 일이다.

세상은 하루의 기적을 알지 못한다

꿈자리가 좋아 그날 로또 복권을 샀는데 10억짜리 1등에 당첨되었다면 기적이다. 자동차를 폐차해야 할 정도의 대형 사고를 당해 함께 탄 사람은 목숨을 잃었는데 자신은 살아남았다면 그것도 기적이다. 이런 일들을 기적이라 생각하는 사람은 평범한 매일, 그 하루의 삶이 기적이라는 생각은 하지 못한다.

사람들은 흔히 상식적으로 일어날 수 없다고 생각하는 일이 현실에서 일어나면 기적이라고 생각한다. 자신의 경험과 상식의 범주를 벗어난 사건이기 때문이다. 한마디로 불가능한 일, 곧 자연의 이치를 넘어서고 합리적이고 과학적인 시각에서 볼 때 거의 불가능한 일을 기적이라고 부른다.

그런데 사람들이 이런 기적을 바라보는 데 숨겨진 프레임이 하나 있다. '우연'이란 프레임이다. 그런 기적이 어쩌다 우연히 일어났는데 합리적으로 설명할 수 없을 뿐이다. 거기까지가 한계다.

하지만 인류 역사는 사실 상식과 자연의 이치를 벗어난 삶의 기록이다. 역사의 긴 시간 속에서 보면 내 경험과 생각의 범주를 벗어난 사건들이 연속적으로 이어져왔다. 돌아보면 기적이 아니라 내가 발견하지 못했고 경험하지 못했던 사건일 뿐이다. 나귀만 타고 다니던 시절에 자동차가 등장했다면 기적이라고 불렀을 것이다. 새나 나비만 공중을 날아다닌다고 생각하던 시대에 비행기가 하늘을 날아가고 화성까지 우주선이 가는 것을 봤다면 당연히 기적이라고 떠들어댔을 것이다. 지금 우리는 그 일들이 기적이 아니라 과학의 힘으로 이루어진 놀라운 사건임을 안다.

기적은 우리가 세상을 바라보는 프레임을 통해 만들어진다. 한 살 아기에게는 엄마가 눈을 가리고 있다가 "까꿍!" 하면서 눈을 맞추어 주는 순간이 기적이다. 연인에게는 초등학교 시절 짝꿍을 우연히 다시 만나 사랑에 빠져 결혼한 일이 기적이다. 교통사고로 머리를 크게 다쳐 식물인간으로 살다가 27년 만에 깨어난 어느 여성의 사건도 일반 의학의 프레임에서 볼 때는 믿기 어려운 기적이다.

사람들은 합리적으로 설명할 수 없는 특별한 사건을 기적이라고 생각한다. 그래서 일상은 기적에서 제외해놓고 살아간다. 그런 이들에게 기적은 우연한 사건을 통해서만 이루어진다. 그 우연은 대부분 요행이다. 100억짜리 로또가 당첨되었다면 환호성을 지르며 기적이라고 호들갑을 떨 것이 분명하다.

기적을 이렇게 이해하는 사람은 일상의 삶에서 매일 체험하는 기적을 기대하지 못하고, 기적을 꿈꾸거나 시도하지도 않는다. 매일 일어나는 하루의 기적이란 말은 안중에도 없다. 하루의 기적은 요행도 아니고 우연한 사건도 아니기 때문이다.

감독은 하나님, 주인공은 나

요행을 바라며 산다는 건 안타까운 일이고 기적을 생각하지 않고 산다는 건 슬픈 일이다. 아인슈타인은 이렇게 말했다. "삶을 사는 두 가지 방식은, 아무것도 기적이 아닌 것처럼 사는 것과 모든 것이 기적인 것처럼 사는 것이다."

'하루의 기적'은 나에게 반드시 일어난다고 믿는 기적이다. 내가 꿈꾸고 내가 의도하는 기적이다. 내가 기적의 주체가 되어 기적의 삶을 살아가는 것이다. 물론 내 삶의 주인 되시는 하나님께서 함께하심으로 가능한 일이다. 곰곰이 생각해보면 내가 숨을 쉬는 것이 기적이다. 사랑한다는 말을 건넬 수 있는 것도 기적이다. 내가 일하고 하루의 삶을 산다는 것 자체만으로도 기적일 수 있다. 학교에서 공부를 하고 직장을 다니며 살림을 하고 사업을 일궈가는 것도 기적이다.

그 하루의 기적을 얼마나 성공적으로 살아내는지는 사람마다 다를 것이다. 하지만 하루의 기적에서는 성공 여부를 판단하지 않는다. 다만, 오늘 하루 기적의 삶을 의도하며 준비했고 최선을 다했으며 하나님이 그 모든 순간에 함께하셨다는 확신과 감사의 고백을 하는 것으로 하루의 기적이 완성되기 때문이다. 이런 하루의 삶은 인생 전체에 결정적으로 중요하다.

성경에 나오는 기적 사건들은 하루의 기적이 갖는 의미의 한 측면을 말해준다. 믿지 않는 사람들이 볼 때 나병 환자가 나은 이야기, 오병

이어 이야기, 죽은 나사로가 살아난 이야기들은 기적의 사건들이다. 죽음, 생명, 불치병 등 통상적 이해와 경험의 틀을 넘어서는 사건이기 때문이다. 그런데 성경 이야기를 기적이라고 이해하면서도 강 건너 불 보듯 할 뿐이다. 어떻게 기적이 일어났는지도 모르고 관심도 없다. 그들에게는 동화 속 이야기 같은 기적일 뿐이다.

그런데 믿는 사람들에게는 성경에 나오는 기적 이야기가 불가능이 가능이 된 기적이면서, 동시에 전지전능하신 하나님이 하신 일이다. 기적을 우연의 프레임이 아니라 믿음의 프레임으로 보는 것이다. 하나님을 알고 은혜를 경험했기 때문에 그 기적을 믿음으로 받아들인다. 그래서 하나님께 같은 기적을 믿음으로 구하고 내 삶의 사건이 될 것을 소망하며 살아간다. 때로는 그 기적을 믿음의 사건으로 경험한다.

우리가 믿음의 프레임으로 바라보면 하루의 삶이 언제든지 기적이 될 수 있다. 하나님이 하루를 허락하셨고, 우리는 믿음으로 하나님이 기대하시는 삶을 계획했으며, 성령의 도우심을 받아 그 삶을 살아간다. 내가 하루의 계획과 목표를 세우고 모든 결과를 믿음으로 받아들이면 그게 하루의 기적이다.

그 삶이 달려가는 최종 목적지도 분명하다. 하루의 삶이 기적이 되는 이유는 하나님이 원하시는 삶을 조준하여 하루를 설계하고 살아가기 때문이다. 우리가 그 하루의 삶을 기적이라고 선언하는 것은 하루 삶을 하나님이 함께하시는 완벽함의 방향을 향해 조준하기 때문이다. 완벽하다고 생각한 설계를 믿음으로 살아낸다는 말이다. 물론 그 삶이 완벽하지 않을 수 있지만 우리의 완벽함과 상관없이 하나님이 기뻐하시는 하루의 삶이라면 하루의 기적임에 틀림이 없다.

하루의 기적은 인생의 기적을 만든다

우리는 하루의 기적을 매일 살아감으로 우리 안에 날마다 기적의 DNA를 심는다. 그 하루가 1년이면 365번, 10년이면 3,650번 반복된다. 반복은 습관을, 습관은 인격을, 인격은 인생과 운명까지 만든다. 이 하루 삶의 반복이 기적의 인생을 만든다. 기적은 순식간에 만들어지는 우연의 사건이 아니다. '한 송이의 국화꽃을 피우기 위해 봄부터 소쩍새는 그렇게 울었나보다' 하고 고백한 시인의 마음으로 하루를 바라본다. 하루의 삶은 일생을 반복하는 가운데 피는 꽃이고 맺히는 열매다. 이 책은 그 기적의 DNA를 심는 삶을 제시한다.

하루의 기적은 평범한 하루의 일상이다. 하지만 그 일상은 그냥 일상이 아니라, 말씀이 등불이 되고 기도가 이끌고 성실과 믿음으로 반응하는 삶이기에 특별하다. 매일 묵상하며 그 말씀을 적용할 때 평범한 일상이 특별한 은혜의 사건이 된다. 그 은혜의 사건은 반복의 삶을 새로움의 연속으로 만든다. 그 새로움의 경험은 하나님이 나와 함께하신다는 믿음을 통해 내 안에 영적 생명력을 증폭한다.

하루의 기적에 특별한 기적이라는 사건은 따로 없다. 남들처럼 일상을 평범하게 살아갈 뿐이다. 하루의 기적을 이루는 삶이 먹고 살기 위해 일하고 사람을 만나며 육신의 만족을 위해 시간을 보내는 평범한 하루처럼 보일 수 있다. 또는 남보다 더 부유한 삶, 남보다 앞서가는 삶, 모든 사람이 부러워하는 대박을 꿈꾸며 사는 삶처럼 보일 수도 있다.

그 삶이 어떤 모습으로 보이든지 간에, 인생의 궁극적인 목표가 육신의 만족과 이 세상에서 남보다 잘나가는 것이 아님은 분명하다. 하루 기적의 삶을 사는 사람은 아침 식사를 천국 식탁을 대하듯 감사한 마음으로 대한다. 무엇을 하더라도 그리스도께 하듯 하라는 말씀을 명심하며 만나는 모든 사람에게 미소로 인사하고 사랑의 마음을 전한다. 하나님이 주신 몸의 건강을 위해 열심히 운동한다. 이 모든 시간이 하나님이 주신 위대한 인생의 목표를 이루기 위해 벽돌 한 장을 쌓아가는 일임을 분명히 알고 하루를 살아간다.

이렇듯 평범해 보이지만 분명히 다른 점이 있다. 하루 삶의 모든 순간이 기적이라 믿고 살아간다는 것이다. 믿음 안에서 하루 계획을 세우고 하나님과 함께하는 삶을 산다. 믿는 자에게 능히 하지 못할 일이 없다는 주님의 말씀 그대로 모든 것이 가하다고 믿기에 모든 순간이 기적이 된다. 하나님을 힘입어 가능함의 프레임을 붙들고 믿음으로 하루를 살아간다. 그렇게 하루를 산 만큼이 기적이다.

하루의 기적을 사는 삶의 뼈대는 기도와 말씀이다. 새벽을 여는 하루 삶의 시작, 하나님으로 마음 채우기, 인생 목표 선언, 치유 기도, 말씀 묵상, 나인 투 파이브(9 to 5)의 영성, 저녁 마무리와 영성 일기 등은 모두 말씀과 기도로 인증된다. 내 호흡, 생각, 고백, 음성, 선언, 결단 등 모두가 하나님 말씀의 파동에 맞추어 이루어진다. 하나님과 어떻게 동행할 것인지 세밀하게 구상하는 일과 계획을 실천하는 구체적인 전략에도 말씀이 등불이 되어준다. 하나님 말씀은 살아있는 운동력이고 온몸을 휘감는 힘으로 역사한다. 치료의 광선을 발하고 마음을 바꾸는 능력은 말씀 자체에 있다. "하나님의 말씀은 살아있고 활력이 있어 좌우에 날선 어떤 검보다도 예리하여 혼과 영과 및 관절과 골수를 찔러 쪼개기까지 하며 또 마음의 생각과 뜻을 판단하나니"(히 4:12)라는 구절 그대로다.

하루의 기적은 하루 삶에서 특별한 기적을 만드는 것이 아니다. 힘의 근원이 되시는 하나님이 나의 일상을 주관하시는 것으로 가능한 일이다. 말씀과 기도가 이끄는 하루가 매일 쌓여서 인생의 기적이 만들어진다. 매일 똑같은 하루의 반복이 때로는 지루함을 동반하지만, 그 지루함이 또 매일의 새로움이 된다. 날마다 같아도 날마다 새로운 것은 하나님 은혜로 가능하다.

여호와의 인자와 긍휼이 무궁하시므로 우리가 진멸되지 아니함이
니이다 이것들이 아침마다 새로우니 주의 성실하심이 크시도소이다
(애 3:22-23).

하루의 기적을 향하여

아침형 삶에 주어지는 복을 누리라

하루 24시간, 1,440분이라는 시간이 모든 사람에게 주어진다. 한 사람도 예외가 없이 공평하게 주어진 선물이다. 그 누구도 늘릴 수도 줄일 수도 없는 준엄한 시간이기도 하다. 어른에게나 아이에게나, 학자에게나 노동자에게나 같다. 그런데 시간이 흐르고 세월이 지나면 남보다 앞서는 사람도 있고 뒤처지는 사람도 있다. 이유는 간단하다. 같은 시간이지만 시간의 질이 다르기 때문이다. 그 시간을 어떻게 살아가느냐는 전적으로 그 사람 자신의 몫이다. 시간의 양이 같다면, 시간의 질이 결과를 결정한다. 그 시간을 어떻게 사용하는지, 같은 시간이라도 얼마나 효율적으로 보내며 목표에 집중하는지가 관건이다. 그 시간을 지혜롭게 활용하는 대표적인 사람들이 아침형 인간 혹은 새벽형 인간이다.

아침형 인간에 관한 서적들을 읽어보면 부지런함, 시간 활용의 지혜, 건강, 앞서감, 지도력, 높은 인생 목표, 분명한 인생관 등의 가치들이 아침형 인간의 공통점인 것을 발견한다. 30년을 아침형 인간으로 살아온 나의 삶에서도 그런 가치들을 엿볼 수 있다. 특히 아침형 인간은 시간을 활용하고 능력을 발휘하는 집중력이 남다르다. 집중력이 높아서 같은 시간이라도 결과가 다르고 남보다 앞서간다.

아침형 인간의 삶과 아침형이 아닌 사람의 삶을 비교해 보면 그 가치와 우월성이 뚜렷하게 드러난다. 사람들은 대부분 9시에 일과를 시작한다. 이를 위해 최소 2~3시간 전에 일어나 준비한다. 일에 지치고 무거운 몸을 깨워 일어나 출근 준비를 한다. 아침밥은 먹는 둥 마는 둥 하고 조급하게 집을 나서기에 바쁘다. 교통지옥을 지나 부랴부랴 9시에 맞추어 출근하기에 바쁜 삶의 모습이다.

아침에 일터로 나가는 직장인이나 학교에 가는 학생들은 대부분 이처럼 바쁘고 쫓기는 모습이다. 이런 아침은 출근이나 등교를 준비하는 것 이상의 의미나 가치를 찾을 수 없는 시간이다. 하루를 이렇게 시작하면 몸도 마음도 에너지가 거의 방전된 상태에서 일을 시작할 수밖에 없다. 아침 시간이 하루의 삶을 시작하는 데 힘을 더하거나 특별한 의미를 주지 못한다.

이에 비해 아침형 인간의 삶은 이들보다 1~2시간 정도 더 일찍 시작된다. 나는 교수였을 때 학교 기숙사 새벽기도회 시간에 맞추어 새벽 5시 30분에 집을 나섰다. 러시아워 때는 학교까지 50분 걸리는데 새벽에 가면 그 시간을 피할 수 있어 학교까지 15분밖에 걸리지 않는다. 아침 출근길에서만 35분을 절약했을 뿐 아니라 8시 30분 수업 시간에 맞추어 오는 교수들보다 2시간 이상을 더 활용할 수 있었다. 더구나 아침의 2시간은 시간의 양뿐 아니라 질적으로도 몇 배 더 유용하다.

아침 일찍 일어나 세밀하게 구상한 시간 계획에 집중해서 움직이면 자투리 시간이 인생의 황금알을 낳는 복의 시간이 된다. 시간으로는 1~2시간이지만 집중도를 따지면 몇 배의 효과가 있다. 하루 전체의 삶에 주는 활력과 의미도 엄청나다. 맑은 정신에 수많은 창의적인 아이디어가 떠오르고 새로운 에너지로 채워지며 만나는 사람들을 열린 마음으로 대하게 된다. 매일을 이렇게 살아갈 때 인생은 풍성한 열매로 채워진다.

아침형 삶이 가진 한계도 확인하라

나는 제주에 내려와서도 아침형 인간의 삶을 살면서 새벽기도회에 참석하고 말씀을 묵상하며 매일의 과제에 집중하는 시간을 가졌다. 아침형 생활의 틀이 그곳에서도 여전히 나의 삶을 풍성하게 해주었다. 안식의 시간을 잘 활용해 여유롭게 책을 읽고 집중해서 글도 쓰며 지냈다. 제주의 바람과 바다와 높은 하늘을 즐기며 건강을 챙기는 것도 즐거운 일과였다.

그런데 어느 날 마음속에 나의 삶이 어딘가에 멈추어 있는 것 같은 생각이 불쑥 들었다. 아직 은퇴할 때가 아닌데 은퇴의 삶을 살아간다는 것이 마음 한구석에 걸림돌처럼 남아 있었기 때문일까. 이렇게 하루를 사는 것이 제대로 사는 것인지 회의가 들기 시작했다. 30년을 이어온 아침형 인간의 삶을 유지하며 사색도 하고 집중해서 글도 쓰며 은혜 가운데 보냈지만, 한편으로는 안온한 현실에 안주하는 것 같다는 생각이 든 것이다. 안식의 시간이라고 나 자신을 위로하기도 했지만 마음 한구석이 허전한 것은 여전했다.

어느 날 하나님께서 나에게 두 가지의 깨달음을 주셨다. 하나는 은퇴 이후의 삶을 계획하면서 새롭게 이루고자 하는 뚜렷한 인생 목표가 없었다는 깨달음이다. 목회하고 싶다는 바람은 있었지만 그건 단순히 편하게 살겠다는 동기에서 출발한 것이었다. 어떤 사역을 하든 남은 인생 동안 하나님이 나에게 원하시는 사명이 무엇인지를 본질적인 차원에서 고민해보지않았다.

또 다른 깨달음은 새벽 시간뿐 아니라 하루 전체를 어떻게 보내야 하는지에 대한 세밀한 시간 설계가 없었다는 것이다. 하나님, 내 인생, 이웃, 그리고 하나님 나라를 위해 하루 24시간을 어떻게 보내야 하는지를 깊이 있고 세밀하게 구상하지 못했다. 아침에 일찍 일어나 새벽기도회에 나가고 말씀을 읽는 것으로 충분하다고 생각하고 있었다.

이 깨달음은 하나님의 특별한 은혜였다. 나는 그 은혜를 통해 새로운 인생을 구상할 수 있었다. 그리고 하루 시간을 정교하게 계획해 살면서 새로운 하나님 은혜를 경험하며 영적 능력을 얻게 된 것을 정말 감사한다. 내 계획에 제주에서의 삶은 없었다. 하지만 하나님의 계획에는 명확하게 포함되어 있었고, 그곳에서 지낸 날들이 날마다 기적을 이루어가는 삶의 시작이었다. 나에게는 제2의 인생을 출발하는 새로운 계기였지만, 독자들에게는 나이와 상관없이 하루의 기적을 살고자 한다면 그 마음이 새로운 인생을 시작하는 계기가 되리라 믿는다.

아침형 삶을 넘어 달려가라

새벽기도회에 매일 출석하며 경건한 신앙생활을 하는 성도들은 대부분 아침형 인간이다. 새벽기도회에 나가고 새벽기도를 꾸준히 하는 것만으로도 이미 아침형 인간의 삶이라 할 수 있다. 나는 여기서 아침형 인간의 삶을 넘어 더 풍성하고 온전한 삶을 위한 틀을 제안한다. 하나님의 은혜를 마음에 깊이 담아내고 조화와 균형이 있는 건강한 생활을 구축하는 삶의 틀이다.

하나, 마음을 담아내는 '삶의 틀' 구축하기

하나님 은혜로 치유를 경험하고 신앙생활도 열심히 하는데 삶에서 풍성한 열매를 거두지 못하는 사람이 많다. 사람마다 이유가 다르겠지만, 결정적인 이유는 건강하고 조화로운 삶의 틀이 만들어져 있지 않다는 것이다. 삶의 틀이란 마음속의 생각과 소원을 삶에서 구현해주는 그릇을 말한다. 마음의 치유와 성숙은 깨달음에 달린 것이 아니라 그 깨달음을 삶에서 구체화할 때 얻을 수 있다.

삶은 다차원의 종합 예술이다. 사람의 마음은 그 사람의 가치관, 성격, 과거 경험 등이 섞여 있다. 삶은 혼자가 아니라 여러 사람들과 더불어 산다. 가족, 친구, 직장 동료, 오고 가며 만나는 다양한 사람들과 교류한다. 하고 싶은 일도 많지만 할 수 없는 일도 있다. 하기 싫은 일을 해야 할 때도 많다. 이 과정에서 마음이 무거워지기도 하고 아예 무너지기도 한다. 그러다보면 인생이 싫고 나 자신마저도 혐오스러울 때가 있다.

내용이 아무리 훌륭해도 형식이 없으면 아무 소용이 없다. 내용을 담아낼 그릇이 없기 때문이다. 삶의 틀은 성숙한 마음의 내용을 삶에 구현해주는 그릇이다. 그릇 혹은 형식으로서의 삶의 틀이 준비되어 있지 않으면 내용을 담을 수 없다. 삶에서 열매를 거둘 수 없다는 말이다.

24시간의 하루 생활은 기본 틀이 있다. 먹고 자고 일하고 쉬고 사람을 만나고 대화하는 일상의 삶이다. 매일 반복되는 그 삶의 틀이 때로는 틀어지고 흐트러진다. 아침에 일어나는 것이 힘들고 밥맛이 없을 때도 있다. 휴식을 취할 여유가 없을 때도 있고, 밤에는 불면증으로 고생하기도 한다. 함께 일하는 사람과의 갈등이 마음을 억누르고 삶의 무거운 짐이 되기도 한다.

한마디로 삶이 내 뜻대로 안 된다. 그 이유는 여러 가지다. 욕심, 고민, 가정불화, 건강 문제, 사랑하는 사람과의 갈등, 열악한 삶의 조건과 환경, 예상치 못한 치명적인 병과 삶의 위기, 내 마음의 게으름과 완악함 등 수없이 많다. 그런데 건강한 삶의 틀이 준비되어 있으면 그 틀이 어떤 상황 속에서도 내 삶이 무너지지 않도록 지켜주고 내 잠재력을 최대한 펼칠 수 있게 해준다. 우리 마음의 연약함을 붙들어주고, 지나친 열정을 조절해주기도 하며, 마음의 혼란과 무력함에 질서와 활력을 갖도록 도와준다.

둘, 일상의 습관으로 삶의 틀 구축하기

잠에서 깨어 일어나고 밥을 먹고 운전을 하는 것만 습관인 것은 아니다. 사람과 갈등을 빚는 것, 가족에게 화를 내는 것, 게으름 피우는 것, 쉽게 포기하는 것 등도 항상 비슷한 상황에서 비슷하게 반복된다. 세상을 대하고 상황에 반응하는 마음과 삶의 습관이기 때문이다. 그 습관은 곧 인격이다. 반복되는 삶의 실천이 인격을 형성한다. 습관을 고치고 인격을 성숙하게 하려면, 나를 성찰하면서 마음과 습관의 변화를 위한 구체적인 방법과 수단을 동원해야 한다.

평소에 밥도 잘 못 먹고 속병으로 자주 고생하던 사람이 군대에 가면 밥도 잘 먹고 건강해진다. 훌륭한 의사를 만나고 좋은 약을 처방받아서가 아니다. 귀찮고 힘들어도 날마다 아침 일찍 정해진 시간에 일어나고, 먹기 싫고 맛이 없어도 정해진 시간에 식사를 한 덕분이다. 체력적으로 감당하기 힘든 군사 훈련을 해내고, 정해진 시간에 취침하는 규칙적인 삶을 살았기 때문이다. 몸의 연약함을 극복하고 건강한 삶을 지속적으로 살도록 삶의 틀이 제공되었기 때문에 소화 문제가 해결되고 건강해진 것이다.

습관으로 형성된 삶의 틀은 생활에 질서와 균형을 제공한다. 먹는 것, 일하는 것, 쉬는 것, 몸을 움직이는 것, 잠자는 것, 신앙생활하는 것 등 삶의 각 영역이 질서와 조화 속에서 건강하게 유지되도록 정한 삶의 규칙이 곧 틀이다. 그 틀은 어느 한 부분이 빠지고 느슨해지거나 한쪽으로 쏠리지 않도록 균형을 이루어야 한다. 그런 삶을 지속하면 스스로 잘할 수 있는 수준에 이르고, 좀 더 지속하면 습관으로 정착된다.

삶의 틀을 만들고 그 안에 삶의 필수요소들을 공급하고 조화를 이루어 온전한 삶의 열매로 맺히도록 자신을 돕는 것이 자기계발이다. 신앙을 토대로 마음의 치유와 성숙을 이루고 자기계발의 삶을 익혀가면 하루의 기적이 만들어진다. 그 삶은 하나님이 주신 재능을 최대한 구현하면서 하나님의 은혜를 풍성하게 누리는 복된 인생을 만든다. 그 복된 인생이 하루의 기적이다.

셋, 세상을 향한 거룩한 영향력 발휘하기

우리는 신앙생활을 넘어 생활신앙을 이루어야 한다. 교회에서의 신앙생활이 교회 밖 세상에서의 삶에서도 성숙하고 거룩한 행동으로 이어져야 한다. 우리는 교회의 빛이 아니라 세상의 빛이고, 교회의 소금이 아니라 세상의 소금이다. 영성과 자기계발이 연합해야 세상의 빛과 소금이 되는 삶의 방향성도 설정할 수 있다.

선한 사마리아인 이야기는 신앙생활과 자기계발이 별개일 때의 문제를 상징적으로 보여준다. 레위인과 제사장은 신앙 율법과 삶에서 지도자의 위치에 있는 사람들이다. 반면에 선한 사마리아인의 신앙은 언급되지 않았다. 주님은 선한 사마리아인의 행동이 이웃을 사랑하라는 하나님의 계명을 실천하는 것이라고 가르치면서 겉으로 훌륭해 보이는 신앙인과 비교하셨다.

교회가 전통적으로 강조해온 말씀과 기도를 통한 신앙이 제사장과 레위인의 모습 쪽으로 기울어져 있다면 문제다. 신앙인의 종교적 신분과 신앙 행위는 중요하지 않다. 신앙을 가지고 세상에서 이웃을 위한 삶을 실천하는 것이 중요하다. 신앙 배경이나 훈련 여부 또는 자격증과 상관없이, 삶의 실천이 곧 신앙의 본질이고 결론이다. 강도를 만난 사람을 긍휼히 여기는 선한 사마리아인의 마음, 상처를 싸매주는 행위, 그리고 비용까지도 부담하려는 섬김과 희생의 모습은 신앙이 레위인과 제사장이 상징하는 것과는 별개일 수 있음을 시사한다.

자기계발은 선한 사마리아인의 삶을 본받고 행동을 배우며 익히는 데 필요한 도구다. 성도 중에는 말씀과 기도의 신앙생활은 열심히 하지만 자기계발이 안 된 사람이 많다. 자기계발은, 이웃을 돕고 싶은 마음이 있지만 그 일이 익숙하지 않아서 망설이는 사람에게 실천할 수 있는 용기와 방법을 알려준다. 혼자 남을 돕는 행동이 어색하고 불편하게 느끼던 사람이 그 행동을 편안하게 느끼도록 돕는다. 또 구체적으로 실천

현장을 찾아가는 지혜와 생활을 가르쳐주고 이웃을 돕는 적절한 방법을 가르쳐주기도 한다.

　　우리는 자기계발을 통해, 성경 말씀을 읽고 기도하는 일에 열심을 내는 신앙생활에만 머물지 않고 세상에 나가 세상을 섬기는 생활신앙으로 이어지게끔 삶의 목표를 세워야 한다. 교회가 이 세상에 복음을 전하며, 눈에 보이는 이 세상이 전부가 아니라 보이지 않는 저세상도 있다는 사실을 전하는 거룩한 영향력을 행사하려면, 먼저 믿는 사람들의 삶에 영적 열매가 있어야 한다. 믿지 않는 사람들에게는 우리 삶의 열매가 바로 성경이다. 우리 삶의 열매가 그들에게 하나님이 살아계신다고 말해준다.

하루의 기적을 설계한다

왜 하루인가?

인생에서 하루는 우리 몸을 이루고 있는 세포와 같다. 세포 하나가 건강할 때 몸 전체가 건강한 것처럼 우리 삶의 하루가 온전할 때 인생도 온전해진다. 세포에 대한 생물학적 이해가 이 하루의 의미를 더 분명하게 해준다. 세포는 1665년에 영국의 과학자 로버트 훅이 최초로 발견한 것으로, 모든 생물체의 구조적 및 기능적 기본 단위다. 기독교 수도원의 수도사들이 살던 작은 방과 닮았다는 이유로 '세포'(cell)라고 불리게 되었다.

한 사람이 가진 세포의 개수는 약 60조 개에 달한다. 유전공학에서 말하는 줄기세포(stem cell)는 실제로 태생기의 전 세포(pluripotent cell)인데 이를 간세포(幹細胞), 모세포(母細胞)라고도 한다. 줄기세포는 주로 초기 분열 단계의 배아로부터 채취된다. 이 단계의 세포는 아직 장기 형성 능력이 없지만 몸의 여러 조직으로 분화할 수 있는 미분화 세포다. 그래서 사전에 입력하는 유전자 정보에 따라 특정하게 선택한 세포계(cell line)로 배양될 수 있으며 장기 이식도 가능하다. 미분화된 세포 하나가 성장하면서 몸의 여러 장기가 될 수 있고 한 생명체가 될 수도 있다는 점이 중요하다.

하루의 가치가 바로 이 줄기세포의 가치와 같다. 하루에 인생 전체가 담겨 있다. 하루의 삶을 완벽하게 살면 그 완벽한 하루의 DNA가 삶 전체에 확산될 수 있다. 사람의 세포가 기본적으로는 같은 구조로 되어 있듯이 사람이 날마다 살아가는 하루 삶의 패턴도 크게 다르지 않다. 아침에 일어나는 시간, 밥을 먹는 시간, 일하고, 쉬고, 잠자리에 드는 시간도 비슷하다. 저녁에 하는 일도 유사하다. 같은 시간에 자고 식사 시간도 크게 다르지 않다. 그러므로 만약 오늘 내가 말씀을 읽었다면 내일도 읽을 가능성이 높다. 오늘 어려운 일에도 감사로 고백했다면 그 다음 날 비슷한 상황을 만났을 때 다시 감사할 것이다. 한 달 후에도 그럴 것이고, 특별한 전기가 없다면 내년에도 크게 다르지 않을 것이다. 오늘 사람을 만나 대화하는 태도도 내일과 거의 같다. 한마디로 하루의 모습이 곧 인생의 모습이다.

결국 하루를 어떻게 사느냐가 인생의 성공을 결정한다. 인생의 목표 성취가 하루를 어떻게 계획하느냐에 달려 있다. 하루 삶의 건강한 설계를 통해 인생 전체 회복도 가능하다. 하루를 정복하면 된다. 하루의 삶을 기적으로 만드는 일이 곧 성숙의 길이요 인생 성공의 길이다.

하루의 생활에서 삶의 기본 틀을 완성하라

초등학생이 어른에게 인사하는 모습에서 그 아이의 미래 모습을 본다. 어른 눈에 흡족하게 인사를 잘하는 아이가 있는 반면에, 인사는커녕 눈도 제대로 못 맞추는 아이도 있다. 각 아이 마음에 세상과 사람을 향한 두려움과 용기, 겸손함과 자신감 등이 씨앗으로 심겨 있다. 그 씨앗은 세월의 흐름 속에서 싹을 내밀고 잎과 꽃을 피우며 열매로 나타난다. 오늘 하루의 삶도 마찬가지다. 오늘은 내일 피어날 인생의 꽃을 피우는 씨앗이다. 오늘을 어떻게 사느냐에 따라 한 달 그리고 한 해의 삶이 만들어지고 인생이 결정된다.

하루의 삶이 중요하다는 것은 매일 반복되는 하루의 평범한 일과가 중요하다는 말이다. 살다보면 우리 삶의 기반을 흔드는 사건을 겪는다. 백수로 살면서 일확천금만 노리던 사람이 대박을 터뜨리고, 어쩌다 뒷걸음질 치던 소가 쥐를 잡는 식의 일을 목격하기도 한다. 그런 일 때문에 마음이 흔들리고 삶의 틀이 뒤틀리기도 한다. 하지만 정말 중요한 것은 평범한 하루의 삶이라는 것을 안다면, 그런 일에 눈길을 줄 일도 없고 마음이 흔들리지도 않는다.

마음의 중심을 단단히 잡고 요행에 인생을 걸지 말아야 한다. 내가 무엇을 위해 누구와 함께 사는가를 생각하며 인생 전체를 길게 보아야 한다. 친구 따라 강남 간다는 말이 있지만, 우리는 대박을 좇아 세상으로 가지 말아야 한다. 혹 내 인생에 어쩌다 대박이 터졌다 해도 그게 가치 있는 삶의 열매는 아님을 명심해야 한다. 성경은 "재물이 늘어도 거기에 마음을 두지 말지어다"(시 62:10)라고 말한다. 하나님의 법칙을 따르는 삶에 감사와 보람을 느낄 때, 삶은 혼돈에서 빠져나와 열매를 맺기 시작한다. 그러니 평범한 하루의 삶에 집중하라.

하루의 기적을 사는 '나노 영성'을 갖추라

삶을 산다는 것이 감사한 일이고, 그 하루를 기적으로 만드는 것은 은혜며, 그 은혜는 믿음으로 받아 누릴 수 있다. 우리가 하루의 기적을 산다면 그것으로 이미 우리 인생은 완벽하다. 그 하루의 기적을 매일 살아내는 것이 우리에게 주어지는 영적 과제이자 도전이다.

하루의 삶은 매일 누구에게나 주어진다. 하루를 어떻게 사느냐에 따라 사람마다 주어진 하루의 가치가 달라진다. 사람마다 각각 무의미한 하루, 사나 마나 한 하루, 그럭저럭 지낸 하루, 의미 있는 하루, 활기가 넘치고 감사가 가득한 하루, 인생의 반전이 일어난 하루 등을 살아간다. 인생은 하루의 반복이며 그 반복이 이어지며 만들어진다. 영성의 핵심이 바로 이 반복이다.

인생이 무의미한 반복이 아니라 의미와 가치가 있는 반복이 되어야 한다. 번듯한 벽돌 한 장을 쌓는 반복 행위가 크고 멋진 집을 세우는, 가치 있는 행동이 되는 반복이다. 그 반복이 인생을 위대하게 만들고 살아계신 하나님을 드러낸다. 인생에서 반복의 삶이 결정적으로 중요하긴 하지만, 반복은 늘 지루함이라는 걸림돌을 앞에 두고 이어진다. 그 걸림돌을 징검다리로 삼아 뛰어넘는 게 하루의 기적을 사는 영성의 모습이다.

하루는 24시간, 1,440분, 86,400초다. 이 시간을 어떻게 관리하고 활용하느냐가 인생을 결정한다면, 우리는 하루를 세밀하게 설계해야 한다. 경제학에 거시 경제학과 미시 경제학이 있는 것처럼 영성에도 거시 영성이 있고 미시 영성이 있다. 나는 이 미시 영성을 '나노 영성'이라고 부른다. 나노(nano) 기술은 제품을 만들 때 공기의 무게까지 계산하는 초미세 기술이다. 내 마음을 살피고 하루 삶을 관리하려면 미세함보다 더 미세한 초미세 관점에서 살펴야 한다. 이 나노 영성이 수십 년 인생의 질을 결정하는 하루의 삶을 완벽하게 살아내게 하는 신앙의 힘을 만들어낸다.

미시 영성이 중요하지만, 영성은 거시적 관점도 필요로 한다. 거시적 관점에서 볼 때 한국 사회뿐 아니라 한국교회와 성도들의 신앙을 지난 반세기 동안 주도했던 두 가지 키워드는 '비전'과 '리더십'이었다. 한국교회의 폭발적 부흥기에는 '꿈을 크게 꾸어라, 야망을 가져라, 실패를 두려워하지 마라, 개척 정신을 가져라' 등 적극적이고 도전적인 삶을 권

했다. 우리나라가 개발도상국에서 선진국으로 도약하면서 경제 및 사회 전 분야에서 비약적으로 발전한 것은 이런 적극적인 태도 덕분이었다. 누구든지 열심히 노력하고 도전하기만 하면 성취할 수 있었다. 세상의 변화와 성장을 읽는 거시적인 안목을 통해 개인이 성장하고 경제가 발전하고 나라도 부강해졌다.

그런데 나라가 선진국 대열에 올라서면 미시적인 관점과 미세 기술이 핵심적인 발전 요인이 된다. 거대 기업 경영의 승패는 작은 데서 갈린다. 차량, 스마트폰, 기타 다양한 전자제품 등의 제품 경쟁은 최종 디자인이 결정적인 요인이다. 반도체 칩도 7나노보다 5나노, 5나노보다 3나노 미세공정기술의 성능이 더 뛰어나고 기능이 더 우수하다. 반도체, 유전자공학, 나노 기술 등의 과학 분야는 미세함이 그 기술력의 우위를 결정한다.

사람의 마음을 준비하고 훈련하는 것도 마찬가지다. 인류 역사를 주관하시는 우주적인 하나님의 존재를 아는 거시적 신앙의 시각이 우리 신앙의 토대다. 그런데 그 우주적인 하나님을 우리 삶 속에서 믿고 신뢰하는 것은, 그 영원한 하나님을 담은 우리 마음을 얼마나 세밀하게 들여다볼 수 있느냐에 달려 있다. 삶의 영역도 마찬가지다. 하루 24시간을, 새벽에 일어나는 시간부터 일분일초를 분명한 목적을 가지고 디자인해서 행동에 옮기는 것이 하루의 기적을 사는 열쇠다.

혈루병 걸린 여인이 자신의 옷자락을 만진 것을 영적으로 느낀 것이 예수님의 나노 영성이다. 그냥 지나칠 수도 있는 나병 환자에게 다가가 손을 내밀며 '내가 원한다'라고 말씀하신 예수님의 마음도 나노 마음이다. 무화과나무 밑에서 기도하던 니고데모의 중심을 알아차리신 것도 예수님의 민감한 영성이다.

다윗도 그런 나노 영성을 고백했다.

나의 반석이시요 나의 구속자이신 여호와여 내 입의 말과 마음의 묵상

이 주님 앞에 열납되기를 원하나이다(시 19:14).

마음속 깊은 묵상조차도 하나님께서 받아주기를 기대하는 다윗의 신앙에서 나노 영성을 볼 수 있다.

하루의 기적은 나를 완전하게 해준다

그런데, 하루의 삶을 사는 것을 기적이라고 부르는 것이 과연 적절할까? 흔히 기적은 인간의 힘으로 이루지도 못하고 이해할 수도 없는 일을 말할 때 쓰는 단어다. 그렇다면 하루의 기적이라는 표현에는 숨겨진 삶의 비밀이 있을 것이다. 그 비밀은 하나님의 은혜에 담겨 있다. 다윗은 이 하나님 은혜를 받아 누리는 비밀을 알고 있었다. 그가 하나님의 마음에 합한 자라고 인정받았던 이유가 여기에 있다.

그 비밀은 다윗이 자신의 마음과 행위가 완전하다는 고백에 숨어

있다.

> 또한 나는 그의 앞에 완전하여…완전한 자에게는 주의 완전하심을
> 보이시며(시 18:23-25).
> 내가 나의 완전함에 행하였사오며…(시 26:1).
> 내가 완전한 길을 주목하오리니…완전한 마음으로…(시 101:2).
> 내 마음으로 주의 율례들에 완전하게 하사…(시 119:80).

그런데 완전하다는 다윗의 고백이 쉽게 받아들여지지 않는다. 죄 때문에 타락한 성품을 가진 유한한 인간이 어떻게 완전할 수 있단 말인가? 구원을 받은 하나님의 자녀가 성화의 길을 가야 한다는 신학의 기본 이해도 인간은 완전하지 않다는 사실을 말해준다.

그렇다면 다윗의 고백을 새로운 시각으로 살펴보아야 한다. 다윗의 고백은 하나님에 대한 믿음에서 출발한다. 하나님 앞에서 완전해지고 싶다는 바람이 섞인 믿음의 고백이다. 우리도 다윗처럼 완전하고 싶다는 고백의 믿음이 필요하다. 인간은 절대로 완전할 수 없다는 인식이 완전해지고 싶다는 믿음을 가로막아서는 안 된다.

다윗의 완전하다는 고백은 글자 그대로 무결점, 완벽함을 가리키는 말이 아니다. 하나님과 같은 존재가 된다는 말도 아니다. 인간은 완전하지 않으며, 인간의 삶 자체가 완전할 수 없고 그럴 필요도 없다. 그럼에도 성경에 나온 완전함의 여러 표현들은 단순히 미화되거나 과

장된 수사학적 문구가 아니며 자신이 완벽해지고 싶다는 인간적 교만도 아니다. 하나님께 온전하게 인정받고 싶은 간절한 마음의 표현일 뿐이다.

성경은 노아를 완전한 사람으로 말한다.

이것이 노아의 족보니라 노아는 의인이요 당대에 완전한 자라 그는 하나님과 동행하였으며(창 6:9).

이 말씀에 의하면 하나님과 동행하는 것이 완전함이다. 역으로 우리가 완전하지 않은 것은 하나님과 동행하지 않고 있다는 말이 된다. 왜 하나님과의 동행이 완전함이 될까? 동행은 함께 걸어가는 것이다. 하루를 그리고 인생을 하나님과 함께 걸어가면 하나님의 눈으로 세상을 바라보고 하나님의 마음으로 사람을 대하게 된다. 그게 완전함이다. 나병 환자를 긍휼히 여기는 마음, 먹을 것이 없어 유리하는 무리를 불쌍히 여기는 마음이 완전한 모습이다.

아브라함의 경우를 보자.

아브람이 구십구 세 때에 여호와께서 아브람에게 나타나서 그에게 이르시되 나는 전능한 하나님이라 너는 내 앞에서 행하여 완전하라 (창 17:1).

'완전하라'는 하나님의 명령에 아브람이 엎드렸다(창 17:3). 이것은 하나님을 경배하는 행위이자 믿음의 모습이다. 하나님은 아브라함에게 자신을 '엘 샤다이' 즉 전능하신 하나님으로 소개하셨다. 하나님의 전능하심을 믿는 믿음이 그 사람을 완전하게 하는 요인이다. 하나님의 완전하심에 내 믿음의 코드를 연결하는 것이 나를 완전하게 만든다. 하나님과 연결될 때 온전한 순종이 이루어지면서 하나님의 전능하신 능력이 임한다. 아브라함의 믿음은 이삭을 드리는 믿음의 행위를 통해서 증명되었다.

　하지만 아브라함처럼 하나님의 전능하심을 믿는 것은 그리 간단하지 않다. 그 믿음은 성령 충만할 때만 가능하다. 하루의 기적을 살면서 내가 말씀과 기도를 통해 완전하신 하나님을 온전히 신뢰할 때 비로소 내가 완전한 삶을 살 수 있다. 그럴 때 하루의 기적이 완전하게 이루어진다. 그렇다면 하루의 기적을 살아야 할 우리의 과제는 하나님의 완전하심을 하루 24시간 믿고 신뢰하는 일이다. 무시로 깨어 기도하면서 성령 충만을 유지하며 하나님을 신뢰할 때 기적의 삶이 가능하다.

완전함은 하나님 말씀에 전심으로 동의하고 사는 삶이다

　다윗이 고백한 완전함은 자신이 아무런 흠과 부족이 없는 100퍼센트 완벽한 존재라는 말이 아니다. 타락한 인간은 완전할 수 없다. 다윗이 고백한 완전함이란, 연약하고 부족하지만 완벽하신 하나님의 뜻에 전심으로 부응하려는 마음의 중심을 뜻한다. 하나님의 기준에 맞추어 나를 판단하며 하나님 뜻대로 따르려는 의도가 있음을 의미한다. 그리고 그 마음으로 매 순간 영적 싸움을 하는 것이다. 이것이 바로 다윗이 하나님의 마음에 합한 사람이라고 칭찬을 받은 이유 중 하나다.

하지만 그 마음과 실천이 과연 100퍼센트 완벽할 수 있는지가 여전히 의문이다. 타락한 인간의 마음과 능력은 완벽할 수 없다. 따라서 비록 한순간이라도 하나님 말씀에 전적으로 순종하겠다는 순수한 마음을 가졌다는 사실과 그 마음을 따라 행동에 옮기려 한다는 의지가 중요하다. 하나님은 우리 마음의 중심을 보시는 분이기 때문이다. 힘없는 어린아이지만 부모님의 말씀을 그대로 믿고 따르겠다고 순전한 마음으로 대답하는 것에 비유할 수 있다.

완벽한 마음의 중심은 존재 자체의 완벽함이 아니라 하나님을 향한 마음의 순전함을 뜻한다. 하나님은 우리의 잘못되고 부족한 점을 찾아내어 죄책감을 부추기며 우리에게 이룰 수 없는 완벽함을 요구하시는 율법적 하나님이 아니다. 주님께서 로마 군인들에게 잡히시기 전, 그날 밤에 제자들에게 모두가 주님을 버리고 도망갈 것이라고 말씀하셨다. 그러자 베드로가 모두 주를 버릴지라도 자신은 결코 버리지 않겠다고 큰소리쳤다. 베드로의 마음은 금방 무너지고 말았지만 주님을 향한 마음만큼은 순수했으며 주님도 그것을 아셨다.

다윗의 고백도 하나님께 이런 마음의 중심을 표현한 것이다. 완전함에 행한다는 다윗의 고백은, 두렵고 떨리는 마음으로 자신의 마음을 세밀하게 살피는 겸손함에서 나왔다. 아주 작은 것이라도 하나님 앞에 드릴 만한 것으로 확인하고 하나님 마음에 맞추려는 하나님 중심의 마음이다. 하나님 마음에 합한 자가 되려는 순수함이다. 여기서 우리는 다윗과 같은 완전함을 위해 무엇을 어떻게 해야 하는지를 배운다.

완전해지려는 목표는 하나님 앞에 내가 온전한 존재가 아님을 아는 겸손함에서 출발한다. 완전하지 않지만 하나님 말씀대로 온전히 따르고 싶은 영적 열망을 붙들고, 그 열망을 실천하겠다는 마음의 결단과 함께 한 걸음 순종의 발길을 떼는 것, 이것이 내가 완전해지는 길이다. 물론 그 실천은 하나님의 도우심으로 가능하다. 무엇보다도 그 삶의 결과를 율법적으로 판단하지 않는다. 온전한 마음을 가지고 행동으로 옮겼다는 것을 감사하는 겸손의 고백으로도 충분하다. 그리고 온전하지 못했다는 겸손함에서 나오는 순수한 회개의 마음도 함께 이어진다.

자전거를 타는 원리에서 완전함의 핵심을 배울 수 있다. 자전거에 올라탄 후 넘어지지 않고 계속 달리는 것이 완전함의 목표다. 처음에는 자전거를 탈 능력이 없다. 그러나 페달을 밟으며 중심을 잡고 조금만 달리면 자전거가 스스로 굴러가기 시작한다. 천천히 페달만 밟으면 자전거는 계속 달린다.

그때부터는 내가 할 일은 자전거가 넘어지지 않도록 중심을 잡으면서 자전거가 계속해서 굴러가도록 페달을 밟는 일이다. 넘어질 것 같아도 중심을 잡으면서 페달을 계속 밟기만 하면 자전거는 저절로 굴러간다. 오르막길도 있고 내리막길도 있다. 울퉁불퉁 자갈밭도 있고 갑자기 장애물이 나타나기도 한다. 그럴 때면 자전거가 넘어질 듯 좌우로 뒤뚱거린다. 그러나 그 모든 것을 헤쳐가며 페달의 속도를 조절하고 핸들을 꽉 붙잡고 넘어지지 않고 방향만 조절해서 가면 된다.

마음의 완전함과 손의 능숙함으로 완전함이 유지된다

완전함으로 가기 위해서는 순수한 긍정적 의지가 중요하다. 넘어질 것 같고 넘어지는 것이 두려우며 실제로 넘어지기도 하지만, 계속 페달을 밟기만 하면 굴러간다는 확신과 넘어질까 두려워도 계속 페달을 밟겠다는 의지만 있으면 된다. 그리고 그 의지를 실행에 옮겨 준비하고 훈련해서 도전하는 것으로 충분하다. 몇 번 넘어지고 쓰러지는 것은 문제가 아니다. 언젠가는 씽씽 달릴 것이라는 소망을 갖고 도전을 하는 것으로 나는 충분히 완전하다.

성경은 다윗이 왕이 된 후에 하는 행동을 이렇게 묘사한다.

또 그의 종 다윗을 택하시되 양의 우리에서 취하시며 젖 양을 지키는 중에서 그를 이끌어내사 그의 백성인 야곱, 그의 소유인 이스라엘을 기르게 하셨더니 이에 그가 그들을 자기 마음의 완전함으로 기르고 그의 손의 능숙함으로 그들을 지도하였도다(시 78:70-72).

하나님이 다윗을 부르셔서 이스라엘 백성을 다스리는 사명을 주셨다. 다윗은 평소 목동으로 일하면서 양을 돌보던 마음을 가지고 자원하는 기쁨, 익숙한 경험으로부터 오는 자신감을 가지고 하나님이 맡겨주신 일, 곧 왕의 역할을 잘 감당했다는 말이다. 성경은 그 다윗의 모습을 "자기 마음의 완전함으로" 그리고 "그의 손의 능숙함으로"라고 표현했다.

하나님의 도우심을 기대하는 가운데 마음과 말과 몸과 행동이 하나가 되는 것이 곧 완전함이다. 그 삶은 걱정과 염려와 싸우면서 평안을 구하는 삶이다. 인간적인 실수나 실패를 염두에 두지 않는다. 완벽을 향해 발걸음을 옮기지만 완벽해져야 한다는 목표 성취의 책임감에서 자유로운, 역설적인 도전이다. 양자물리학의 언어로 마음의 완벽함을 표현한다면 다음과 같다. 마음의 완전함이란 내 몸의 모든 세포에서 나오는 빛과 에너지 파동의 주파수를 하나님 말씀에 맞추고 성령님의 선율에 올라타는 것이다. 그러니 내가 완전해지고 싶으면 성령의 도우심을 힘입어 하나님 은혜의 파동에 함께 맞추어 춤을 추면 된다.

왜 새벽인가?

새벽은 마르지 않는 샘과 같다

새벽은 마르지 않는 샘물이다. 하나님이 새벽에 부어주시는 은혜는 끊임없이 솟아나온다. 오염되지 않은 새벽 말씀의 샘물로 온 가슴을 적시라. 가슴을 덮고 있던 어두움을 뚫고 나오는 찬란한 빛이 당신을 비출 것이다. 갈급한 마음으로 새벽을 구하라.

다윗은 새벽을 깨우겠다고 외쳤다. 어둠을 헤치고 태양이 떠오르기 직전의 새벽을 하루의 시작으로 선언했다. 빛이 되신 하나님을 마음에 담겠다는 다짐이다. 우주 만물이 잠들어 있는 시간에 잠에서 깨어나 하나님을 맞이하고 하나님의 빛으로 세상을 비추겠다는 외침이다. 하나님의 빛이 영적 어두움을 물리칠 것이라는 세상을 향한 영적 승리의 선언이다. 이것이 하루의 기적이 새벽에서부터 시작하는 이유다. 새벽에 부르짖는 다윗의 고백을 들어보라.

> 내가 날이 밝기 전에 부르짖으며 주의 말씀을 바랐사오며 주의 말씀을
> 조용히 읊조리려고 내가 새벽녘에 눈을 떴나이다(시 119:147-148).

다윗의 고백에서 우리는 새벽 영성의 두 가지 자세를 배울 수 있다. 하나는 날이 밝기 전 새벽이라는 시간에 부르짖는 것이고, 다른 하나는 말씀을 바라고 읊조리고 싶다는 소원이다.

먼저는 "내가 날이 밝기 전에 부르짖으며"라는 고백이다. 다윗이 부르짖는 시간은 아침도 아니고 낮도 아닌 새벽이었다. 남들이 깊은 잠에 빠져 있을 시간이다. 그 육신의 욕구를 거슬러 깨어 하나님께 매달리겠다는 결연한 모습에서 간절함이 보인다. 그 간절함은 새벽에 육신의 피곤함을 넉넉히 이길 만큼 강렬하다. 다윗은 육신의 욕구를 다 채우며 살아갈 만큼 영적으로 나태하지 않았다.

둘째는 "주의 말씀을 바랐사오며 주의 말씀을 조용히 읊조리려고"라는 고백이다. 보통 사람들은 기도할 때 하나님 말씀보다 자기 삶의 필요와 수단을 구한다. 하지만 다윗은 하루의 삶을 시작하는 첫 시간의 바람과 간절함의 대상이 하나님 말씀이었다. 다윗에게는 하나님의 뜻을 아는 것이 중요했다. 그것이 자기 인생에서 최선임을 알고 있었다. 그래서 말씀을 가슴에 담고 살고 싶고, 말씀을 읊조리고 싶었다. 다윗은 말씀이 꿀송이보다 더 달다고, 자기 발에 등이 되고 길에는 빛이 된다고

고백했다. 우리가 아침에 눈을 뜨고 세상일부터 떠올리며 하루를 시작하는 모습과는 다르다.

주의 말씀을 조용히 읊조린다는 다윗의 표현은 말씀을 단순히 작은 소리로 읽고 이해하겠다는 차원이 아니다. '읊조리다'의 원어는 '묵상하다'라는 의미다. 이해만 하는 것이 아니라 입으로 소리를 내어 말씀을 고백함으로 내 머리에 기억하고 마음판에도 새기려는 것이다. 간절함 속에서 말씀을 묵상하며 그 은혜를 붙들고 살아가면 하나님께서 우리 삶을 한 치의 오차도 없이 정확하게 인도해주시는 것을 경험한다. 말씀을 향한 우리의 영적 욕구가 육신의 욕구를 거슬러 새벽에 강렬하게 타오른다면 우리는 기적의 인생을 만들어갈 수 있다.

아침이 아닌 새벽이어야 하는 이유

새벽에 단 5분 만이라도 잠을 더 잘 수 있다면 천만금을 주어도 좋다는 생각을 한 번쯤은 다 해봤을 것이다. 새벽을 그저 아침보다 시간적으로 조금 앞서는 시간이라고 생각한다면, 그건 새벽을 제대로 모르기 때문이다. 새벽에는 아침보다 조금 앞선 시간이라는 것 이상으로 다른 차원의 영적 의미가 있다.

이른 새벽 시간은 아침보다 영적 절박함을 담고 있다. 무엇보다도 새벽은 반전의 긴장감이 있다. 새벽은 어둠 속에서 움트기 때문이다. 우리 신앙의 본질이 영적 싸움임을 안다면 우리는 아침보다 새벽을 주목해야 한다. 정상에 서기 위해서는 남보다 시간을 조금 앞서가는 정도로는 충분하지 않다. 하나님과 영적으로 더 밀착된 삶이 있어야 한다.

다윗은 새벽을 깨우겠다고 선언했다. 새벽은 만물이 잠들어 있는 시간으로, 육신의 욕구를 거슬러 살겠다는 영적 비장함이 엿보인다. 우리는 세상에 있는 악의 영들과 전쟁을 해야 한다. 전신갑주로 무장하지 않으면 이길 수 없다. 새벽은 적을 기습적으로 공격하여 승리를 쟁취할 수 있는 골든 타임이다.

한국교회의 모든 성도가 영적으로 단단히 무장하고 새벽을 깨우며 살아가는 삶을 상상해본다. 그리고 나는 한국교회의 재건과 부흥이 새벽을 깨우는 것으로부터 시작된다고 믿는다. 우리의 도전은 영적인 것부터 시작된다.

여전히 기복주의의 틀 안에 머물러 있고 도덕적 해이와 세속화에 물든 한국교회를 향해 개혁의 소리를 높이는 것은 별 효과가 없다. 해결책은 살아 계신 하나님 앞에 무릎을 꿇고, 살아있고 운동력이 있는 하나님의 말씀을 청종하며 우리 삶의 근본을 바꾸는 것이다. 기도가 하나님의 보좌를 움직이고 세상을 바꾸는 힘이라는 사실을 확신하며 가슴을 찢는 기도를 올려드려야 한다.

새벽에서 영적 탁월함이 나온다. 예수님은 공생애 사역 기간 중 습관대로 새벽에 나가 기도하셨다. 예수님도 하나님께 매달리지 않고는 주어진 인류 구원의 사명을 감당할 수 없었다. 십자가를 지는 곳까지 가는 길에서도 매일 겪어야 하고 물리쳐야 하고 넘어야 하는 일이 기다리고 있었다. 목표가 확실한 만큼 그 목표를 향해 나아가는 길이 가시밭길인 것도 분명하다. 이 모든 사명은 새벽을 깨우지 않고는 이룰 수 없다.

새벽 설계도 그리기

새벽의 영적 의미를 삶 속에 담아내는 것이 새벽 영성이다. 새벽 영성은 세밀한 신앙 설계가 있어야 한다. 할 엘로드(Hal Elrod)는 그의 저서인 《미라클 모닝》(*The Miracle Morning*)에서 아침에 6분을 투자하면 그 아침은 인생을 바꾸는 기적의 아침이 된다고 말한다. 아침 시간을 활용해야 한다는 제안에 전적으로 동의한다. 하루 1,440분 중에 6분이라면 100분의 1도 안 되는 아주 적은 시간이다. 그 짧은 시간이 인생을 바꿀 수 있다면 6분이 얼마나 핵심적인 내용으로 세밀하게 구성되었는지를 짐작할 수 있다.

2022년 1월에 출간된 에이드리엔 허버트(Adrienne Herbert)의 《파워 아워》(*Power Hour*)는 세상에 방해받지 않고 자신에게만 집중할 수 있는 시간에 관하여 말한다. 그 시간 속에 엄청난 능력이 숨어 있다는 것이다. 그 시간은 작은 행동을 계속 반복하면서 작은 변화를 가져오고 무기력을 극복하며 궁극적으로 삶의 방향성을 찾게 해준다고 주장한다. 하루의 첫 한 시간을 중요한 습관으로 만들어 실행하면 자신을 성장

시킬 수 있는 마음가짐을 갖출 수 있다는 것이다.

하루 시작의 첫 시간을 어떻게 활용하는지는 인생에 결정적인 영향을 미친다. 이는 새벽 시간의 세밀한 계획으로 시작되는 하루의 기적이 의도하는 삶의 틀과 다르지 않다. 하지만 하루의 기적에서 말하는 첫 시간은 단순히 인간의 노력으로만 이루어지는 시간이 아니다. 살아계신 하나님을 신뢰하고 삶의 주인으로 모시는 믿음을 토대로 하기 때문이다. 하루의 기적, 곧 세밀하게 계획한 믿음의 행동을 새벽부터 실천하는 삶은 파워 아워와는 비교할 수 없는 삶의 결과를 만들어낸다. 핵심 내용과 세밀한 계획이 중요한 이유는 미세한 조정과 작은 변화가 엄청난 결과를 만들어내기 때문이다.

나는 고등학교 때부터 평소에 등이 구부정하다는 소리를 자주 들었다. 하루는 아침에 등교하면서 학교 정문을 들어갈 때, 내 등이 구부정하다는 생각이 떠올랐다. 그래서 나름대로 등을 똑바로 펴면서 '이제 등을 펴고 다녀야지!'라고 생각하면서 걸어가는데 뒤에 오던 친구가 내 이름을 부르며 소리쳤다. "야, 규훈아! 너 등 좀 펴고 다녀라."

그야말로 충격이었다. 나는 애써 등을 폈는데 남들이 보기에는 여전히 구부린 모습이었던 것이다. 이 이야기에서 알 수 있듯, 약간의 변화를 주는 노력이라고 해서 결코 쉬운 건 아니다. 군대에서 차렷 자세를 훈련받을 때 시선을 15도 위쪽으로 향하라고 한다. 그리고는 턱은 목 쪽으로 바짝 당기며 어깨도 더 펴라고 한다. 어금니를 꽉 물고 양손을 바지 주머니 옆에 확실하게 붙이라고 한다. 확실한 차렷 자세가 생각만큼 쉽지 않다.

그런데 교관이 요구하는 대로 집중해서 시선과 어깨와 허리와 팔 자세를 조금만 수정해도 내 몸의 느낌이 완전히 달라지고 세상도 다르게 보인다. 미세한 조정이 큰 차이의 변화를 만드는 것이다. 하루의 기적을 사는 삶에서는 그 미세함의 차이를 아주 중요하게 여기며, 미세하게나마 바꾸어갈 수 있는 영성이 필요하다. 바꿔야 한다, 조금이라도. 아주 작은 차이가 삶과 인생의 엄청난 변화를 이끌어낸다.

앞에서도 언급했듯이 미세함에 집중하는 믿음의 자세를 나는 '나노 영성'이라고 부른다. 나노는 10억분의 1미터 단위다. 0.1밀리미터 머리카락 하나를 10만 개로 나눈 두께다. 사람의 눈으로는 볼 수 없고 그 세밀함을 다루는 기술이다. 나노 영성은 마음을 최대한 세밀하게 살피고 삶의 틀을 1분, 1초 단위로 정교하게 생각해 구성한다. 세밀함이 핵심이다.

그런데 그 세밀함은 거시적으로 궁극적인 인생 목표와 긴밀하게 연결된다. 내가 1분을 사용하든 한 시간을 사용하든 그 시간이 먼 미래에 세워질 건축물의 벽돌 한 장을 쌓는 것이라는 확신을 갖고 행동해야 한다. 그럴 때 1분도 채 안 되는 짧은 기도를 하더라도 삶을 바꾸는 능력을 나타내는 중요한 기도가 된다. 그 기도가 하루 중 언제 하는 기도이며 그 기도의 내용은 무엇이고 왜 그 기도가 필요한지를 알고 기도 결과에 대한 분명한 믿음을 가지고 있다면, 그 기도 1분은 나노 영성의 기도다.

그러나 한 시간을 기도하면서도 그저 의무감으로 기도회에 참여해서 기도에 집중하지 못하고 기도회가 빨리 끝나기만 바란다면 무의미한 한 시간이 된다. 하루의 기적을 사는 기본은 나노 차원에서 내 마음을 살피고 하루 삶을 디자인하는 삶이다.

이제 하루의 기적을 사는 영성의 설계도면을 소개한다. 하루 기적의 설계는 잠에서 깨자마자 시작하는 새벽의 기적, 일하며 세상 사람들과 더불어 살아가는 나인 투 파이브(9 to 5)의 기적, 그리고 가정에 돌아와 주제가 있는 시간을 보내는 저녁의 기적으로 구성되어 있다.

한국교회 청년들이 새벽에 도전한다면

나는 새벽이슬 같은 주의 청년들이 새벽을 깨우고 새벽의 교회당을 채우기를 소망한다. 장기간 계속되는 한국 경제의 청년 실업의 문제로 청년 세대가 통째로 무너져내리는 것이 너무 안타깝다. 청년들이 정체성을 잃고 방황하며 세속의 문화 속에서 허우적거리고 있다. 세상의 경제 환경이 변화되기를 기다리며 이 시대를 무력하게 바라보는 자리에서 나오기를 바란다. 주의 성소에서 우리를 도우시는 하나님을 소망하며 새벽을 깨우라. 나는 매일 새벽마다 암송하는 이 말씀을 청년들에게 던지며 도전한다.

환난 날에 여호와께서 네게 응답하시고 야곱의 하나님의 이름이 너를 높이 드시며 성소에서 너를 도와주시고 시온에서 너를 붙드시며 네 모든 소제를 기억하시며 네 번제를 받아주시기를 원하노라 (셀라) 네 마음의 소원대로 허락하시고 네 모든 계획을 이루어 주시기를 원하노라 우리가 너의 승리로 말미암아 개가를 부르며 우리 하나님의 이름으로 우리의 깃발을 세우리니 여호와께서 네 모든 기도를 이루어주시기를 원하노라(시 20:1-5).

한국교회 청년들이 하나님 앞에서 새벽을 깨우며 하루의 기적을 살겠다는 영적 결단을 할 때 한국교회가 성령의 물결을 타고 하나님의 역사를 이루어가리라는 기대를 한다. 그러나 사실 새벽을 깨우며 시작하는 하루의 기적은 단순한 삶이다.

정의선 현대차그룹 회장이 자신의 모교인 고려대 졸업식에서 축사를 하면서 "멋진 인생을 위해선 완벽한 하루를 살아야 하고, 완벽한 하루를 살기 위해선 단순하게 사는 것이 중요하다"라고 조언했다. 정 회장은 단순함 속에는 분명하고 날카롭고 강력한 힘이 있다고 설명했다. 그는 단순하게 사는 것이 아무 생각 없이 멍하게 지내자는 말은 아니라 더 중요한 것에 집중하는 것을 의미한다고 했다. 예컨대 단순하면서도 성공적인 하루의 반복적인 습관을 만들어야 한다며, 도쿄올림픽 양궁 2관왕 김제덕 선수의 하루 14시간, 화살 1,000발 쏘기를 예로 들었다. 그러한 정 회장의 말은 하루의 기적을 사는 삶의 원리와 다르지 않다.

2장

감사 고백으로 여는 새벽의 기적

감사는 받아들인다는 마음의 표현이다. 상대가 주는 것을 내가 받아들였다는 표현이며, 예절의 차원에서도 당연한 일이다. 새벽을 감사로 시작하는 것은 하나님이 나를 위해 하루를 선물로 주신 것을 받아들인다는 믿음의 고백이다. 그런데 믿음의 감사는 좋은 것만 받아들이는 게 아니라, 피하고 싶고 불편하고 어려운 상황도 받아들이는 것이다. 감사의 숨은 힘이 바로 여기에 있다. 모든 것에 감사하는 사람은 감히 누구도 대적하지 못한다. 그래서 감사는 인생을 오뚜기같이 살게 한다.

감사로 하루의 기적을 시작한다

하루의 기적을 위해서는 삶의 설계도가 필요하다. 하루의 기적 설계도는 하나님과의 동행, 하나님 말씀의 능력에 대한 전적 신뢰, 기도를 통한 하나님과의 연합, 우리의 몸과 마음을 치유하는 성령의 능력, 인생의 원대한 삶의 성취를 향한 도전, 마음을 다스리고 습관으로 만들어가는 지혜와 능력, 그리고 하루의 삶을 성찰하는 영성 일기 쓰기 등으로 구성된다.

하루의 기적을 세우는 새벽 설계도

하루의 기적은 새벽에 시작된다. 그래서 하루의 기적을 살아가기 원한다면 반드시 새벽에 일어나야 한다. 새벽에 일어나는 일이 힘들다

거나 거의 불가능하다고 생각하는 사람도 있을 것이다. 새벽에 일어나는 게 단순히 조금 더 부지런하기 위한 것이라고 생각하면 못 일어난다. 새벽에 일어나는 일은 영적 싸움이지 단순한 시간 싸움이 아니기 때문이다. 새벽 기상은 위대한 인생을 꿈꾸고 그 꿈을 이루겠다는 도전의 발걸음을 내디딜 것이냐의 문제, 나를 가치 있게 만들고 수많은 사람을 복되게 하며 하나님의 역사를 이루는 위대한 인생을 향한 출발점에 설 것이냐 말 것이냐의 문제다.

우리에게는 매일 하루 24시간씩 반복하여 주어진다. 그 하루를 기적으로 보내기 위한 출발이 새벽에 이루어진다. 새벽에 일어나면 남들은 모두 잠들어 있다는 사실 하나만으로도 남보다 앞서가는 인생을 산다는 자부심을 느낄 수 있다. 보통 사람과는 차원이 다른 삶을 세워간다는 사실만으로도 가슴 설레는 도전이 된다. 남들은 마라톤을 출발을 앞두고 준비 운동을 하고 있는데 나는 벌써 출발한 느낌이다. 새벽 시간을 하루 삶에서 가장 중요한 시간으로 정한다는 것만으로도 위대한 인생의 기초가 세워진다. 하루의 기적을 살아가고 싶다면 새벽에 일어나기로 작정하라. 새벽마다 하늘의 복이 쏟아지는 것을 기대하고 경험하라.

새벽의 기적 설계도 제1면: 감사의 만세

잠에서 깨자마자 눈을 뜨고 두 팔을 높이 치켜들고 만세를 부르며
소리 내어 새벽을 열어주신 하나님께 감사 기도를 드리고,
'하나님 만세' '예수님 만세' '성령님 만세'의 만세 삼창을 한다.

생명이 있는 한 우리는 매일 아침에 눈을 뜬다. 잠에서 깨어 눈을 뜨는 순간의 느낌은 다양하다. 누군가에게는 기대감이나 기쁨일 것이고, 누군가에게는 고달픔이나 좌절감일지도 모른다. 하루의 기적을 시작하는 사람에게는 설렘이다. 살아계신 하나님과 동행하기를 기대하면서 위대한 인생의 목표를 향해 힘찬 발걸음을 내디딘다는 감격 때문이다. 하루를 선물로 받는 것이기에 감사 고백이 이어진다.

나는 새벽에 눈을 뜨자마자 만세를 부르듯 두 팔을 번쩍 치켜들고 소리를 내어 "하나님 하루의 기적을 시작하는 새벽을 열어주셔서 감사합니다!" 하며 먼저 짧게 기도한다. 그리고 곧바로 이어 두 팔을 들고 "하나님 만세! 예수님 만세! 성령님 만세!"라고 만세 삼창을 한다. 이 간단한 고백 의식(儀式)을 매일 반복하면서 승리를 선언하며 승리의 인생을 확신한다.

두 팔을 치켜들고 만세를 부르는 이유는 잠에서 확실하게 깨기 위해서다. 대개 일찍 일어날 때면 눈은 떴지만 몸과 마음은 아직도 잠에서 덜 깨어 있어서 하나님을 향해 온전한 마음을 드리기 어렵다. 그때 그 마음을 확실하게 깨우고 하나님을 향하도록 준비시키는 것은 바로 몸이다. 몸이 잠에서 깨고 열리면 신기하게 마음도 열리고 얼굴에 환한 미소와 웃음이 저절로 지어진다. 선수들은 운동 경기에서 승리하며 한 사람도 예외 없이 두 팔을 번쩍 치켜들고 기뻐 뛰면서 인생 최고의 웃음을 짓는다. 마찬가지로 우리의 두 팔이 하나님을 향하여 경배하면 하나님은 그 팔에 사랑과 은총을 넘치도록 부어주신다. 그 마음으로 이렇게 하나님께 기도한다.

"살아 계신 하나님 아버지, 감사합니다. 오늘도 저의 손을 잡아주시고, 어디로 가든지 저와 동행하시며, 이 세상을 살아가는 믿음과 지혜와 능력을 허락하시고, 이 세상의 위험과 유혹으로부터 지키고 보호하여 주소서!"

새벽 첫 일성으로 드리는 감사 기도는 통상적인 감사가 아니다. 그 감사의 마음은 엄청나다. 엄마가 세 살쯤 된 아이에게 엄마를 얼마나 사랑하느냐고 물으면 아이는 두 팔을 들고 만세를 부르며 "하늘만큼 땅만큼!"이라고 대답한다. 아이가 손을 들어봐야 얼마나 크겠는가. 그러나 그 아이의 진심을 충분히 느낄 수 있다. 어린아이가 사용할 수 있는 최고의 언어로 자기 마음을 표현한 것이기 때문이다. '하늘만큼 땅만큼'이라는 표현은 마음의 크기보다 거짓도 꾸밈도 없는 진심의 마음이기에 더 값지다. 그 대답은 엄마에게 큰 감동을 준다. 우리가 새벽에 눈을 뜨자마자 드리는 감사의 고백도 하늘만큼 땅만큼 감사하다는 마음이다. 그 감사가 하나님을 감동시킨다.

나는 감사 고백에 이어 드리는 기도를, 처음에는 종이에 적어 놓고 시작했다. 매일 같은 기도를 반복하면서 덧붙이거나 바꾸고 싶은 표현이 마음에서 떠오르면 그때마다 조금씩 수정했다. 이제는 아침 기도문 표현이 확정되었고, 여러 번 반복해왔기 때문에 암송하고 있다. 암송은 마음의 능력이 된다. 온 마음을 담을 수 있기 때문이다. 마음을 모아 힘을 다하여 기도할 때 영적으로 집중된다. 이 집중은 능력으로 나타나며 기도대로 하루의 삶을 살게 된다.

하루를 살다보면 힘든 일을 겪기도 하고 부정적인 생각이 우리 마음을 휘젓기도 한다. 그러나 감사 고백은 그 부정적 생각조차도 우리의 영적 상태를 드러내는 보색으로 보도록 도와준다. 즉, 부정적 감정을 나쁜 것으로 치부하고 무조건 거부하게 하는 것이 아니라 마음을 열어 차분하게 바라보게 해준다는 말이다. 부정적 감정을 솔직하게 대할 때 그것을 다스릴 수 있는 통제력이 생긴다. 감사 고백이 주는 놀라운 은혜다. 그래서 감사로 새벽을 여는 것이 중요하다.

생활수도사로 사는 하루의 기적

새벽의 첫 감사 고백은 마르지 않는 샘물을 퍼올리는 마중물이다

믿음으로 감사를 고백하면 항상 새로운 은혜가 따라온다. 감사는 받아들인다는 마음의 표현이다. 우리가 선물, 친절한 안내 혹은 도움을 받으면 자연스럽게 감사를 표시한다. 상대가 주는 것을 내가 받아들였다는 표현이며, 예절의 차원에서도 당연한 일이다. 새벽을 감사로 시작하는 것은 하나님이 나를 위해 하루를 선물로 주신 것을 받아들인다는 믿음의 고백이다.

그런데 믿음의 감사는 좋은 것만 받아들이는 게 아니라, 피하고 싶고 불편하고 어려운 상황도 받아들이는 것이다. 감사의 숨은 힘이 바로 여기에 있다. 어떤 상황이라도 감사로 받아들이면, 지금은 힘들고 어려워도 나중에는 유익이 된다. 모든 것에 감사하는 사람은 감히 누구도 대적하지 못한다. 환난이 비껴가고 사탄조차도 그 사람을 공격할 빈틈을 찾지 못한다. 그래서 감사는 인생을 오뚜기같이 살게 한다.

받아들이기 힘든 일을 인정하고 수용하는 감사 고백은 깊은 생수의 강과 연결된 은혜의 펌프에 마중물을 붓는 일이다. 감사의 마중물을 부으면 말랐던 펌프에서 샘물이 솟아나온다. 무슨 일이 일어나든지 감사로 받아들이면 하나님의 때에 반드시 더 큰 복이 따라온다. 감사 고백이 고난의 사건 앞에서 삶의 역전을 만들어내는 것이다. 다윗의 기도를 들어보라.

여호와여 주께서 내 영혼을 스올에서 끌어내어 나를 살리사 무덤으로 내려가지 아니하게 하셨나이다 주의 성도들아 여호와를 찬송하며 그의 거룩함을 기억하며 감사하라 그의 노염은 잠깐이요 그의 은총은 평생이로다 저녁에는 울음이 깃들일지라도 아침에는 기쁨이 오리로다 (시 30:3-5).

다윗이 스올에 빠지는 상황에 부닥쳤다. 무덤으로 내려가는 절박한 상황이었다. 다윗은 그 상황에서 하나님의 거룩함을 기억하며 감사로 고백하라고 말한다. 그는 하나님 노염을 접하는 것은 잠깐이고, 저녁부터 시작해 밤새 깃든 울음도 금방 지나가는 것으로 경험하였다. 감사의 고백을 통해 노염을 하나님의 은총으로, 울음을 아침을 맞는 기쁨으로 역전시킨 것이다.

어제의 삶이 어찌 됐든지 내 인생이 어떻게 흘러왔든지, 하루를 시작하는 새벽을 감사로 열 때 마르지 않는 샘물이 흐르기 시작한다. 하루의 기적은 그 샘물이 흘러 인생의 밭을 적시고 풍성한 열매로 가득 차게 한다. 감사는 하루의 기적을 이어가는 삶의 순간마다 찍어야 하는 느낌표다. 그 느낌표를 찍은 문장이 모여 하루의 기적을 보여주는 아름다운 글이 완성된다. 새벽을 시작하며 드리는 짧은 고백이지만, 하루 동안 넘쳐날 샘물을 기대하며 온 마음을 담아 감사를 고백하라.

작은 감동의 순간을 접할 때마다 감사로 느낌표를 찍으라

새벽을 여는 기도에서는 하루의 기적이 이루어질 것을 믿고 미리 감사로 선언하고 고백한다. 그렇다고 힘든 일은 없이 하루가 마무리될 것을 기대하는 것은 아니다. 하루를 살아도 나를 힘들게 하는 크고 작은 사건이 늘 일어난다. 먼저 하는 선불 감사는 원치 않는 일을 확실하게 다스리기 위한 마음의 안전장치다.

감사는 역전의 순간을 이루는 삶의 문장에 느낌표를 찍는 것이다. 내가 걸림돌에 넘어지더라도 하루의 기적이 완성될 것이라고 믿고 감사로 선언한다. 그 순간은 내가 살아계신 하나님의 계획 속에 부름을 받고 기적을 이루어갈 주인공임을 확인하는 시간이다. 그 깨달음을 감사로 선언할 때 역전의 삶을 구현할 수 있다.

우리는 원치 않던 일이 일어나면 쉽게 넘어진다. 특히 결과를 원망하고 불평할 때 확실하게 넘어지고 만다. 사실 우리는 환경을 탓하고 나를 정죄하며 역전의 가능성을 완전히 없애는 데 익숙하다. 의심의 눈으로 하나님을 원망하고 주어진 환경을 불평하기 때문이다. 그러나 이것이야말로 믿음이 없는 어리석은 사람들이 살아가는 모습이다. 반면에 감사는 그 의심과 불평과 원망을 미리 차단하는 방역 조치다. 감사는 역전의 가능성을 되찾고 무너진 삶을 다시 일으켜 세운다.

잠자리에서 눈을 뜨고 하루를 시작하는 새벽 첫 시간에 두 팔을 벌리고 만세를 부르며 감사 기도를 드릴 때, 하루를 다 정복한 것 같은 확신을 느낀다. 하나님 말씀대로 생육하고 땅에 충만하여 인생을 다스리고 정복했다는 승리의 웃음이다. 오늘도 하루의 기적을 완성할 것이라는 기대가 마음을 가득 채운다. 그렇게 기쁘고 복된 하루가 시작된다.

위대한 삶의 틀을 구축하라

젊은 사람들에게는 새벽에 일어나는 것이 더욱 치열한 싸움이다. 충분히 이해한다. 만약 평범한 인생에 머물러도 괜찮다면 일어나기 힘들어하는 몸의 반응에 삶을 맡겨도 상관이 없다. 상황을 굳이 역전시키지 않아도 된다. 세상이 하는 대로 살면서 잘하는 듯 흉내를 내며 살면 되기 때문이다. 그러나 평범을 넘어 위대한 인생을 꿈꾼다면 새벽을 인생 최고의 기회로 삼아라. 군대에 가면 삶의 틀이 군인의 틀로 바뀐다. 하나님의 군대에 들어간다고 생각해보라. 하나님 군사의 틀로 삶을 무장할 것이다.

성경은 "주의 권능의 날에 주의 백성이 거룩한 옷을 입고 즐거이 헌신하니 새벽이슬 같은 주의 청년들이 주께 나오는도다"(시 110:3)라고 했다. 새벽이슬 같은 주의 청년들은 복음의 열정과 신앙생활의 헌신에 도전을 받는다. 하나님이 원하시는 인생을 살아가겠다고 마음에 굳게 다짐한다. 그러나 그 뜨거움이 한순간의 열정으로 끝나는 경우가 많다. 그 뜨거운 열정을 담을 그릇을 준비하지 못했기 때문이다. 위대한 인생의 비전과 뜨거운 열정은 무엇보다 중요하다. 그러나 아무리 훌륭하고 감동적인 비전이라도 그것을 삶에 담아내지 않으면 아무 소용이 없다.

형식과 내용은 분리되지 않는다. 원대한 인생 목표와 복음을 향한 열정을 가지고 살아낼 삶의 틀이 같이 준비되어야 한다. 이에 나는 주님을 향한 열정을 하루의 기적이라는 삶의 틀에 담기를 기대한다. 새벽에 일어나는 것을 평생 삶의 틀로 삼아라. 어떻게 보면, 삶의 내용을 준비하는 것보다 삶의 틀을 만드는 것이 우선이다. 그릇만 준비되면 담아야 할 것을 찾아 언제든지 담아낼 수 있기 때문이다.

자신의 비전이 무엇이든지 간에, 새벽에 일찍 일어나 하나님과 교제하며 하나님의 마음을 담고 인생 목표를 추진해가는 삶의 틀을 만들라. 그러면 하나님의 역사를 이루는 사람이 된다. 하루의 기적을 사는 것이 영적 습관으로 자리를 잡고 하나님 비전을 이루어가는 복된 인생을 살아가기를 바란다.

새벽의 기적 설계도 제2면: 깨어나기

마음의 눈을 뜨고 몸의 세포도 눈을 뜨기 위해
침대에서 일어나 새벽을 기쁨으로 준비한다.

짧은 감사 기도로 새벽을 열었다면, 침대에서 일어나 다음 행동으로 옮겨가야 한다. 침대에서는 일어났지만 몸이 잠에서 완전히 깨어나지 못했다. 몸의 세포는 아직도 잠에 젖어 있고 머리도 몽롱한 상태다. 이제 몸도 눈을 뜨고 세포도 깨어나야 한다. 이때 꼭 필요한 것이 몸의 움직임이다. 일어나 전등을 먼저 켜는 것은 매우 중요하다. 눈이 빛을 받으면 뇌가 깨어나기 때문이다.

머리를 깨우고 몸과 마음도 깨운다

덜 깬 잠을 확실히 깨우려면 몸을 움직여야 한다. 잠깐이라도 침대 위에서 누운 채로 기지개를 켜고 발 체조를 하며 몸을 활발하게 자극하

라. 침대에서 내려와 간단하게 스트레칭으로 몸을 자극하는 것도 좋다. 음악을 들으면 귀가 깨어나면서 몸 전체가 잠에서 빨리 깰 수 있다. 음악이 자동으로 연주될 수 있도록 미리 스마트폰에 설정해두는 것도 좋은 방법이다.

찬물로 세수하고 양치질을 하는 것도 좋은 방법이다. 나는 매일 아침 소금물로 가글을 한다. 소금물 가글을 하려면 먼저 작은 플라스틱 용기 안에 소금을 한 스푼 퍼서 넣어야 한다. 아주 작은 스푼이라서 흘리지 않으려면 집중해야 하는데, 집중하면 눈에 초점이 잡히면서 정신이 깬다. 이 작은 일련의 행동이 잠을 확 깨워준다. 그리고 물을 마신다. 새벽에 물을 살짝 따뜻하게 데워서 마시면 건강에도 좋다.

움직이든 음악을 듣든 가글을 하든 혹은 다른 것이든, 몸이 잠에서 깨어나는 데 도움이 되는 자신만의 방법을 찾아보라. 그리고 새벽마다 활용하라. 이렇게 몸을 여러 방법으로 자극하고 움직이는 것은, 몸을 깨우고 머리와 마음도 깨워 더 맑고 상쾌한 정신으로 기도에 집중하기 위해서다.

설계도 2면은 잠에서 깨어 일어난 후 묵상 기도를 시작하기 전에 이루어지는 일련의 작은 행동이다. 이 행동들은 일어나서 당연하게 하는 것이다. 짧은 시간 안에 별 생각 없이 습관적으로 하게 되는 일이다. 그런데도 새벽의 기적 설계도의 한 면을 따로 할애한 이유가 있다. 몸과 마음이 잠에서 깨기 위한 것이 일차적 이유다.

그리고 설계도 1면에서 감사를 고백하며 출발하는 하루 기적의 영적 흐름이 끊이지 않고 새벽 묵상의 자리에까지 평안하게 이어지기 위해서다. 감사 고백으로 새벽을 시작해서 기도와 묵상으로 나아가는 중간의 연결 과정이므로 이 과정의 행동을 섬세하게 준비하는 것이 중요하다. 이 과정을 잘 설계하고 진행해야 새벽에 일어나는 순간 감사의 고백으로 마음에 지펴진 성령의 불꽃이 흔들리거나 약해지지 않고 기도를 통해 계속 타오른다. 몸과 마음의 덜 깬 상태라면 이 과정이 매끄럽지 않을 것이다. 따라서 설계도 2면은 특별히 필요하거나 중요한 행동처럼 보이지 않지만 세심하게 설계하고 주의하여 잘 진행해야 하는 과정이다.

새벽의 기적 설계도 제3면: 하나님께 집중하기

묵상하는 가운데 마음을 비우고
그 빈 마음에 전능하신 하나님을 채우며
하나님께 집중하는 가운데 하나님과 마음을 맞춘다.

몸과 마음을 깨워 최대한 맑고 정돈된 마음으로 책상에 앉아 묵
상하며 기도를 시작한다. 이 기도는 하나님께 내가 원하는 것을 구하는
기도가 아니다. 내 마음과 생각을 비우기 위한 기도다. 새벽 첫 시간부
터 내가 필요한 것을 먼저 생각하며 기도를 시작하면 내가 나를 관리하
고 판단하게 된다. 이는 내가 내 삶을 주관하면서 하나님을 제한하는 것
이다. 따라서 하나님이 내 안에서 일하실 수 있도록 먼저 먼저 나를 비
워야 한다.

주님께서 인류 구원을 위해 인간의 모습으로 이 땅에 오실 때도 자
기를 먼저 비우셨다.

그는 근본 하나님의 본체시나 하나님과 동등됨을 취할 것으로 여기지
아니하시고 오히려 자기를 비워 종의 형체를 가지사 사람들과 같이 되

셨고(빌 2:6-7).

위대한 역사는 비움으로 시작된다. 내가 나를 비울 수 있다면 위대한 하루의 기적도 가능하다.

생각과 의식을 포함해서 마음을 모두 비우는 일은 쉽지 않다. 인간은 깨어 있으면 생각하기 때문이다. 하루에 약 7만 개의 생각이 머리를 스쳐간다. 하지만 아무리 생각을 많이 해도 유한한 존재인 사람의 생각은 한계가 있으며, 그 생각이 하나님을 제한할 수도 있다. 하나님을 생각하는 것조차도 하나님을 제한하는 일이 될 수 있다. 때로는 하나님을 생각하는 것조차도 멈추는 것이 좋다.

그래서 마음을 비울 때는 상상력을 활용해 자연을 떠올리는 것이 효과적이다. 사람이나 일과 연관된 생각을 하지 않기 위해서다. 새벽 수평선에 떠오르는 태양을 생각할 수도 있고 광활한 밤하늘의 별들을 떠올릴 수 있다. 잔잔하게 우거진 푸른 숲도 좋다. 다만 상상은 이미지에만 머물러야 한다. 그 상상의 이미지가 생각으로 이어지지 않도록 해야 한다. 우리의 생각과 판단을 요구하는 일상의 삶을 떠올리지 않도록 하기 위함이다.

마음을 비우려 노력하는 것은 생각과 염려 때문에 우리 마음에 하나님을 위한 자리를 내어드리지 못하기 때문이다. 그래서 기도를 하기 전에 내 마음을 비우고 생각을 내려놓는 것이 정말 필요하다. 하나님께 간구할 내 소원과 바람까지도 내려놓아야 한다. 내가 생각하는 내 필요보다 그 필요를 아시고 채워주실 하나님이 더 소중하기 때문이다.

마음을 비우는 묵상 기도 시간은 길지 않은 것이 좋다. 대체로 1~2분 내외가 적절해 보인다. 처음에는 마음 비우기가 어렵다. 자동적으로 머리에 생각이 떠오르기 때문이다. 하지만 서두르지 않고 마음에 집중하면서 마음에서 떠나보라. 이 시간을 인내하며 며칠만 계속 묵상 기도를 해보라. 어렵지 않게 생각을 멈출 수 있다.

이 마음 비움의 기도는 내 안에 하나님을 모시고 하나님이 일하시게 하기 위해서다. 주님께서도 자신을 비우셨고 하나님이 완성하셨다.

> 이러므로 하나님이 그를 지극히 높여 모든 이름 위에 뛰어난 이름을 주사 하늘에 있는 자들과 땅에 있는 자들과 땅 아래에 있는 자들로 모든 무릎을 예수의 이름에 꿇게 하시고 모든 입으로 예수 그리스도를 주라 시인하여 하나님 아버지께 영광을 돌리게 하셨느니라(빌 2:9-11).

나를 비우는 것이 하나님이 내 안에서 일하시도록 하는 첫 발걸음이다.

빈 마음에 말씀으로 하나님을 채운다

　새벽에 마음을 비우고 그곳을 하나님으로 채운다. 내가 하루의 삶을 준비하고 계획하기 전에 내 마음을 비우고 거기에 하나님을 모셔서 하나님이 내 안에서 일하시도록 하는 것이다. 하나님을 내 마음에 모시는 근본 이유는 하나님이 내 삶의 주인이시고 목자가 되시기 때문이다. 하나님이 내 문제를 해결해주시는 분이기 전에 먼저 내 마음의 주인이 되시는 게 바른 순서다. 그래서 하나님이 누구시며 어떤 분인지를 확인하는 것에 집중해야 한다.

　시편은 하나님이 어떤 분인지를 잘 말해준다.

　나의 힘이신 여호와여 내가 주를 사랑하나이다 여호와는 나의 반석이시요 나의 요새시요 나를 건지시는 이시요 나의 하나님이시요 내가 그 안에 피할 나의 바위시요 나의 방패시요 나의 구원의 뿔이시요 나의 산성이시로다(시 18:1-2).

　여호와가 우리 하나님이신 줄 너희는 알지어다 그는 우리를 지으신 이요 우리는 그의 것이니 그의 백성이요 그의 기르시는 양이로다 (시 100:3).

　여호와는 긍휼이 많으시고 은혜로우시며 노하기를 더디 하시고 인자하심이 풍부하시도다(시 103:8).

위 말씀들은 하나님이 어떤 분인지를 말해준다. 특히 나와의 관계에서 하나님이 어떤 분이신지를 분명하게 밝혀준다.

성경 말씀을 암송하고 기도하면서 하나님을 내 안에 모신다. 암송은 내 안에 계신 하나님을 확신하는 최고의 방법이다. 말씀을 읽고 생각하는 것과 암송하는 것은 많이 다르다. 하나님을 머리에 두느냐 마음에 두느냐의 차이다. 눈으로 글을 읽는 것은 좌뇌의 기능이고 하나님을 상상하는 것은 우뇌의 기능이다. 눈으로 말씀을 읽으면 상상을 통해 마음으로 하나님을 느끼는 데 방해가 된다. 따라서 최고의 방법은 암송하며 하나님께 마음을 집중하여 내 영이 살아계신 하나님의 존재를 느끼고 대화하는 것이다. 우리가 말씀을 암송할 때마다 하나님이 어떤 분인지를 확신하고 또 확신하며 마음에 새길 수 있다.

나는 새벽기도를 할 때만이 아니라, 하루 일과 중에도 생각이 날 때마다 위의 말씀들을 암송하며 복습한다. 말씀을 암송하면 마음을 집중해서 내 간절함을 그 말씀에 담을 수 있다. 다윗의 고백 그대로다. 그는 "나의 반석이시요 나의 구속자이신 여호와여 내 입의 말과 마음의 묵상이 주님 앞에 열납되기를 원하나이다"(시 19:14)라고 했다. 하나님의 말씀을 암송해서 '내 입의 말'로 고백하고 내 간절함이 섞인 '마음의 묵상'을 더하라. 이 둘이 하나가 되어 하나님께 상달되기를 기도한다.

성경 말씀으로 고백한 하나님을 주인으로 모시고 살아가야 좌절과 실망의 순간을 만날 때 말씀으로 물리칠 수 있다. 주님께서 마귀의 유혹을 말씀으로 물리치신 것을 본받는 것이다. 말씀을 품은 사람은 무엇을 가졌다고 해서 교만에 빠지지 않는다. 일이 급하다고 조급하게 굴거나 서두르지 않으며 시간이 많다고 게으르지도 않다. 그런 사람은 하나님이 주인 되시고 나는 그분의 청기기가 되어 하나님의 시간 속에서 한 장의 벽돌을 온전하게 구워내는 성실한 하루를 만들어간다.

마음으로 하나님과 영적 주파수를 맞춘다

하나님으로 마음을 채우는 것은 하나님과 마음을 맞추는 일이다. 다윗은 하루의 삶을 시작하면서 마음을 확정했다고 반복해서 고백한다.

> 하나님이여 내 마음이 확정되었고 내 마음이 확정되었사오니 내가 노래하고 내가 찬송하리이다(시 57:7).

자기 마음의 초점을 하나님께 정확하게 맞추었으며, 마음의 초점이 흔들리지 않겠다는 결단의 고백이다. 다윗의 마음 중심에 하나님이 계신다. 그런 마음에서 자연스럽게 하나님 찬양이 나온다.

다윗은 바로 이어 하나님께 초점을 맞춘 마음으로 잠들었던 대지를 깨우고 궁창에 드리웠던 어두움을 걷어내겠다고 다짐한다.

> 내 영광아 깰지어다 비파야, 수금아, 깰지어다 내가 새벽을 깨우리로다
> (시 57:8).

노래하고 찬양하는 마음이 흘러넘쳐 혼자만의 찬양으로는 양이 차지 않는다. 그래서 비파와 수금도 동원하여 온갖 악기를 가지고 하나님을 더 멋지고 웅장하게 찬양하고 싶은 것이다.

말씀을 마음판에 새기면 말씀에 집중할 수 있다. 말씀에 집중하면 혼탁한 마음에 질서가 생긴다. 말씀은 능력이고, 살아있고 운동력이 있으며 좌우에 날 선 어떤 검보다도 예리하고 마음과 뜻과 생각을 감찰한다. 우리를 고치고 바꾸신다. 그래서 무엇보다도 하나님 말씀에 집중하는 것이 우선이어야 한다. 하나님의 뜻과 의지와 힘에 우리의 마음을 맞추어야 한다. 주파수를 맞추어야 소리를 들을 수 있는 것과 같다.

주파수가 맞으면 우리 믿음의 마음이 하나님의 생명과 사랑과 진리의 파동에 올라탄다. 이것이 바로 하나님의 능력이 우리 안에 역사하는 방법이다. 내 마음이 말씀과 함께 움직이면 그 마음이 하나님이 사랑하시는 세상을 향한다. 그리고 그 세상에 인자와 자비를 베풀고 정의를 구현할 대상을 찾아나선다.

나는 하나님께 초점을 맞춘 마음이 세상을 향한 사랑과 돌봄의 마음이 되면 믿음의 능력으로 나타난다고 믿는다. 다윗이 자신의 마음을

확정했다고 반복해서 표현한 것은 하나님께 초점을 맞추고 다시 세상에 초점을 맞추겠다는 의지의 표현이다.

자연을 통해 하나님과 교통하고 온전한 영성을 갖춘다

마음의 중심에서 하나님 찬양이 나올 때면 세상을 정복하고 다스릴 수 있다는 호연지기가 생겨난다. 하나님 능력으로 넘치기 때문이다. 그 마음을 다윗은 "내 영광아 깰지어다"로 표현하였다. 하나님께 초점을 맞춘 마음은 자연과도 하나가 되어 온 우주를 품는다. 성령의 충만함이 이루어지는 순간이다. 피아노 반주에 맞추어 찬양하듯 비, 눈, 바람, 구름, 햇빛, 그리고 소리를 통해 말씀하시는 하나님께 찬양으로 화답한다. 하나님께서 다윗을 자기 마음에 합한 자라고 말씀하신 또 다른 이유가 여기에 있다. 다윗이 자연을 보고 노래하는 것을 전심으로 하나님을 노래하고 찬양하는 것으로 들으셨기 때문이다.

하루의 기적을 이루는 삶은 자연을 향해서도 활짝 마음을 연다. 그 자연이 때로는 소리치고 때로는 속삭이며 하나님 음성을 들려주고 하나님 뜻을 전한다. 자연을 향해 마음을 활짝 열고 간절한 소원을 두고 훈련하는 삶을 살 때 자연의 소리를 통해 하나님 음성을 들을 수 있다. 그 훈련은 하나님의 말씀을 마음 판에 새기는 훈련이다. 하나님 말씀이 마음속에 풍성하게 있을 때 자연을 통하여 하나님의 음성을 구체적으로 또 특별하게 들을 수 있다.

창세로부터 그의 보이지 아니하는 것들 곧 그의 영원하신 능력과 신성
이 그가 만드신 만물에 분명히 보여 알려졌나니 그러므로 그들이 핑계
하지 못할지니라(롬 1:20).

성경은 자연을 보면 하나님의 존재를 알 수 있고 그 섭리도 깨달을
수 있다고 말한다. 신학적으로 '일반 은총'이라고 한다. 예수 그리스도를
믿음으로 하나님을 알게 되는 '특별 은총'과 함께, 하나님께서 모든 인
간에게 하나님을 알도록 베풀어주신 은총의 통로다. 우리가 자연을 접
할 때마다 하나님을 느끼고 하나님과 교통하는 믿음의 삶으로 일반 은
총을 경험해야 한다.

하나님을 마음에 채우는 것은 하나님이 내주하셔서 내 마음의 주
인이 되시고 주관해주실 것을 소망하는 일이다. 그런데 내 안에 거하시
는 하나님은 동시에 온 우주와 자연 만물에도 충만히 거하고 계신다. 그
러므로 믿음의 눈으로 자연을 살피면 하나님을 눈으로 보고 귀로 들으
며 몸으로 느낄 수 있다. 이것이 우리가 내 안에 하나님을 모시는 만큼
자연과 가까이하고 자연에 관심이 많아야 하는 이유다.

바람을 느끼고 하늘을 바라보고 물소리를 들으면서 하나님과 동
행할 수 있다. 자연을 바라보며 떠오르는 시상을 통해 하나님과 대화하
고, 자연의 변화를 보면서도 하나님 마음을 읽을 수 있다. 다윗이 그랬
다. 그는 자연 속에서 목동으로 살면서 하나님과 교감했다. 다윗이 가진
영성의 뿌리가 바로 자연이다. 자연이 우리를 치유한다는 말이 회자되

는 이유도 여기에 있다. 하나님이 만드신 자연의 이치는 하나님의 섭리와 영적 원리와 다르지 않기 때문이다.

> 내 영혼아 여호와를 송축하라 여호와 나의 하나님이여 주는 심히 위대하시며 존귀와 권위로 옷 입으셨나이다 주께서 옷을 입음같이 빛을 입으시며 하늘을 휘장같이 치시며 물에 자기 누각의 들보를 얹으시며 구름으로 자기 수레를 삼으시고 바람 날개로 다니시며 바람을 자기 사신으로 삼으시고 불꽃으로 자기 사역자를 삼으시며 땅에 기초를 놓으사 영원히 흔들리지 아니하게 하셨나이다(시 104:1-5).

자연 안에서는 누구나 시인이 될 수 있다. 자연을 보고 떠오르는 시상을 적어보라. 그 시상을 하나님과 연결하면 하나님과의 대화가 된다. 다윗은 그런 고백을 많이 했다. 반대로 자연과의 교감이 사라지면 하나님과의 교제도 멀어진다. 자연을 향해 마음을 여는 시간을 가지라. 하나님과 더 가깝게 지낼 수 있다.

땅을 가까이하며 나무에 기대면 숲속의 자연 향기가 영혼까지 스며들며 내 몸의 면역력에 가장 값비싼 산소 비타민으로 가득 찬다. 온몸에 자연의 생명력이 증폭되는 순간이다. 그러면서 내 영혼은 하나님으로 호흡하는 들숨과 날숨을 통해 영적 신진대사까지 원활해진다. 영적 생명과 직결된 기도는 살아있는 몸의 호흡에 생기를 불어넣으신 하나님과 연결된 생명선이기도 하다. 하나님의 은혜를 생기와 같이 깊이 받아들이면 그동안 암송했던 시편의 기도가 내 입술에서 저절로 터져 나온다.

자연을 통해 하나님을 만나라. 그러면 반쪽짜리 영성이 온전해진다.

새벽의 기적 설계도 제4면: 인생 목표 선언

인생 목표 선언문을 작성하여 매일 새벽마다 믿음으로 선포하며
반드시 성취할 것을 확인한다.

인생 목표는 우리가 바라보며 정복해야 할 산의 정상과 같다. 목표
를 성취하려면 그 목표에서 눈을 떼지 말아야 한다. 인생 목표가 늘 우
리 마음속에 살아있으면 우리를 깨우고 도전하게 한다. 목표는 우리가
왜 소망을 가져야 하고 왜 살아야 하며 왜 힘을 내야 하는지를 환기하게
하고, 우리를 살아있게 해준다. 인생 목표는 우리가 장래에 되고 싶고 하
고 싶은 것이기에 늘 우리 마음에 살아 움직인다. 인생 목표를 통해 우
리의 삶이 날마다 생동감으로 넘치려면, 목표를 생각에만 담아두지 말
고 날마다 소리를 내어 선언하고 기도해야 한다.

인생 목표는 컴퓨터 하드디스크에 저장된 기억이 아니다. 주어진
작업을 처리하는 중앙처리장치(Central Processing Unit)에서 작동해야
한다. 주어진 하루 과제를 처리하고 기도할 때 인생 목표는 항상 성취해
야 할 목표로, 그리고 촉진하는 동기 부여로 연결되어 있다. 연결의 핵

심은 인생 목표가 이미 이루어졌다고 믿고 느끼는 것이다. 미래를 현재로 가져와서 사는 것, 이미 이루어진 것처럼 오늘을 사는 것이다. 대학교 합격 발표 결과를 확인한 순간부터 비록 정식 입학을 하지 않았지만 대학생처럼 생각하고 행동하는 것과 같다. 믿고 구한 것은 받은 줄로 믿으라는 주님의 말씀을 그대로 실천하는 것이다.

나는 새벽마다 하나님을 내 마음에 채운 다음, 하나님 주셨다고 믿는 인생 목표를 떠올리며 소리 내어 외치면서 기도한다. 반드시 소리 내어 마음에서 확인하고 다짐하는 마음가짐으로 외쳐야 한다. 소리 내어 외치는 것과 마음속으로 생각하는 것은 다르기 때문이다. 마음속으로 부르는 노래와 소리 내어 부르는 노래가 천지 차이인 것과 같다. 듣는 사람이나 나 자신에게 감동을 주는 노래가 되려면 소리를 내야 한다.

이미 이루어졌다고 믿는 인생 목표는 마음속에서 매일 한 걸음씩 나아가며 누리는 것이므로 구체적이고 분명한 오늘의 행동으로 이어진다. 그래서 인생 목표는 정확한 문장으로 표현하는 것이 중요하다. 써서 외치고 또 외치면 더 정확하고 분명해진다. 제주에 내려와 안식을 취하는 동안 하나님께서는 내가 계획하지 않았던 인생 목표를 갖게 해주셨다. 새벽마다 사역을 위해 기도하면서 지나온 인생을 정리해보았다. 그리고 앞으로 남은 인생을 어떻게 살 것인가를 묵상하는 가운데 새로운 인생 목표를 갖게 되었다. 그 시간을 통해 다듬어진 내 인생 목표는 다음과 같다.

나의 인생 목표는 마음의 상처로 아파하는 사람에게 치유의 선물을 나누어주고, 좌절과 절망 가운데 있는 사람들이 진정한 위로와 소망을 보게 하며, 슬픔과 고통 가운데 있는 사람들이 평안과 기쁨을 회복하도록 돕는 것이다. 이를 위해 말씀과 기도와 인생 경험의 지혜와 심리학적 통찰력과 코칭의 치유 방법을 모두 활용하여 몸과 마음과 영혼을 함께 치유하는 전인 치유 프로그램을 개발하고 활용한다. 이 치유 프로그램을 통해 그들이 건강한 삶을 회복할 뿐만 아니라 이 땅에 하나님 나라를 건설하는 일에 쓰임 받아 하나님께 칭찬받는, 주님의 착하고 충성된 일꾼이 되게 하는 것이 나의 인생 목표다.

인생 목표를 선언하며 함께 암송하는 말씀이 있다.

주의 성령이 내게 임하셨으니 이는 가난한 자에게 복음을 전하게 하시려고 내게 기름을 부으시고 나를 보내사 포로 된 자에게 자유를, 눈먼 자에게 다시 보게 함을 전파하며 눌린 자를 자유롭게 하고 주의 은혜의 해를 전파하게 하려 하심이라 하였더라(눅 4:18-19).

인생 목표를 이루어가는 과정도 중요하다. 쉽게 갈 수 있는 여정이 아니기 때문이다. 그래서 이 말씀을 생각하며 하나님의 함께하심과 도우심을 확신한다.

환난 날에 여호와께서 네게 응답하시고 야곱의 하나님의 이름이 너를 높이 드시며 성소에서 너를 도와주시고 시온에서 너를 붙드시며 네 모든 소제를 기억하시며 네 번제를 받아주시기를 원하노라 (셀라) 네 마음의 소원대로 허락하시고 네 모든 계획을 이루어주시기를 원하노라 우리가 너의 승리로 말미암아 개가를 부르며 우리 하나님의 이름으로 우리의 깃발을 세우리니 여호와께서 네 모든 기도를 이루어주시기를 원하노라(시 20:1-5).

말씀 암송은 내 인생 목표가 흔들리지 않게 하는 기초이자 기둥이다.

인생 목표를 새롭게 정하는 것은 최고의 도전이고 감동이다

새벽에 새 인생 목표를 소리 내어 외칠 때마다 마음에 감동이 있다. 인생의 새로운 꿈과 목표를 생각만 해도 자다가도 벌떡 일어나서 흥분되며 가슴이 설렌다. 이 선언은 글짓기 시간에 쓴 글도 아니고 멋진 명언으로 만든 것도 아니다. 하루를 시작하면서 그 목표를 위해 오늘 해야 할 일이 무엇인가를 구체적으로 생각하고 실천하도록 해주는, 실제적이고 간절한 삶의 목표다.

인생 목표를 새벽마다 고백하면서 놀라운 은혜를 경험한다. 하고 싫어하고 해보겠다고 생각하는 사람은 많지만, 행동으로 옮기고 끝까지 실천하는 것은 매우 어렵다. 나는 퇴직 후에 새로 해보고 싶은 일들이 많았다. 머릿속을 스쳐 가는 생각들은 더 많았다. 그런데 기도하는 가운데 하나님께서 상담과 치유를 위한 사역을 새로운 목표로 주셨다. 특히 우울증에 시달리는 기독교인들을 위한 프로그램을 개발하겠다는 목표를 주셨다. 그 목표도 그냥 스쳐 지나가는 생각이 될 수 있었다. 삶의 환경이 변하면 생각이 많아지기 때문이다. 그런데 그 목표를 위해 날마다 기도하는 동안 흔들리지 않는 목표가 되었고, 그 완성을 향해 지금도 조금씩 나아가고 있다.

반복의 효과는 정말 놀랍다. 내 관심과 시간을 효율적으로 사용하며 집중하게 되고, 시간이 흐르면서 그 인생 목표를 향해 벽돌이 한 장씩 쌓이는 것을 본다. 내 삶이 인생 목표에 조금씩 가까워지고 있다는 것을 발견한다. 인생 목표 선언 후에 자연스럽게 다음과 같은 감사 기도가 이어진다.

하나님 아버지! 나를 하나님의 자녀로 삼으시고 나에게 모든 것을 공급해주셔서 감사합니다. 내 인생 최고의 목표를 꿈꾸고 그 꿈이 반드시 이루어지게 하심을 감사드립니다. 그 목표의 완성을 향해 가는 동안 나의 부족함을 깨닫고 발견하게 해주시는 것도 감사합니다. 그때마다 감사함으로 하나님을 의지하며 구할 때 도와주시고 인생 목표를 완성해주실 줄로 믿습니다.

인생 목표 성취의 토대는 하나님과의 영원한 관계성이다. 하나님과의 관계성 위에 목표가 세워질 때, 환경이 변하고 내 마음이 잠깐 흔들린다 해도 쉽게 포기하지 않는 목표가 된다. 나는 위대한 꿈을 꾼다. 내가 위대해서가 아니라 하나님이 함께하시기에 위대한 꿈이다. 매일 아침, 날마다 그 꿈을 마음에 새긴다. 그리고 하루의 기적을 사는 것이 그 꿈을 건축하는 벽돌을 매일 한 장씩 쌓는 것임을 명심한다. 하나님과 함께 가는 위대한 인생이 진행된다.

새로운 인생 출발을 위해 새로운 목표를 정하라

인생 목표는 대나무 마디가 만들어지듯 목표가 성취될 때마다 새롭게 보완되어야 한다. 인생 목표 설정은 나이에 상관없이 이루어진다. 새로운 목표를 세울 때마다 제2, 제3의 인생이 된다. 나는 이제 60이 넘는 나이가 되었지만 인생 목표만큼은 20대 청년 같은 마음으로 정하고 달려간다.

제주에서 잠깐 안식하며 앞으로 인도하심을 위해 기도하면서 마음을 비우고 새롭게 남은 인생을 꿈꾸며 준비하기 시작했다. 계획하지 않았고 가보지 않은 길을 가고자 도전한 것이다. 새롭게 세워진 인생 목표가 내 마음을 설레게 한다. 감사하게도 하나님께서는 내가 평생 공부한 것을 활용하는 목표를 갖게 하셨다.

나는 새로운 인생 목표를 매일 새벽에 외치며 마음에 새길 때마다 목표가 계속해서 더 세밀하게 다듬어지는 것을 경험한다. 세밀한 내용보다 중요한 건 마음이다. 날마다 그 인생 목표를 마음속에서 크게 확대할 때마다 내 심장박동이 뛰는 것을 느낀다. 사실 인생 목표는 한두 번 머릿속으로 생각하다가 그냥 생각에 그치는 경우가 많다.

하지만 하나님께서 주시고 이루게 하실 목표라는 믿음을 가지고 매일 그 목표를 반복해서 외치고 기도하는 가운에 하나님께서 꼭 이루어주실 것을 확신하게 된다. 인생 목표를 떠올릴 때마다 20대의 심장을 느끼고 있다는 사실이 놀랍다. 시간이 흘러도 그 심장이 계속 뛰기를 기대한다.

이미 이룬 것으로 상상하고 행동하라

인생 목표를 꿈꾸고 계획을 세우기는 쉽지만 성취하기는 쉽지 않다. 세상이 우리를 유혹하고 악한 세력들이 방해하기 때문이다. 그 과정에서 우리가 포기하거나 넘어지면 실패한다. 우리의 적은 밖에만 있지 않고 우리 안에도 있다. 안에 있는 적이 더 무섭다. 방해 세력을 만날 때마다 우리 안에 불안, 의심, 포기 등의 마음이 우리를 넘어뜨린다. 그래서 인생 목표 성취는 마음에서 뿌리를 내려야 한다. 인생 목표가 내 안의 수많은 부정적 생각들까지도 물리치고 성취된다는 것을 믿고 성취되었음을 상상할 수 있을 만큼 확실하고 강력한 목표가 되어야 한다.

미국 작가 플로렌스 스코벨 신(Florence Scovel Shinn)은 "성공한다는 확신을 잠재의식에 새기기 전까지 당신은 완벽한 승리자가 되지 못한다"라고 했다. 잠재의식을 효과적으로 다스리는 방법은 입으로 확신의 말을 반복해서 선언하는 것이다. 이를 위해 먼저 침묵 가운데 자신의 내면을 들여다보아야 한다. 침묵은 삶의 목표와 우선 과제에 집중하게 하는 자기 인식 능력을 향상시킨다. 동시에 집중을 방해하는 혼란스러운 갈등과 염려 등을 정리해야 한다. 계획적이고 적극적인 확신의 말을 활용하면 과거의 두려움과 불안과 한계를 극복할 수 있다. 그리고 목표를 달성했을 미래의 모습을 적극적으로 상상하며 확신의 말을 준비한다.

상상하기는 운동선수들의 훈련 기법이다. 1,000분의 1초까지 다투는 수영 선수들은 자신의 수영 장면을 상상하는 이미지 트레이닝을 한다. 몸 근육을 최대한으로 활용하는 상상을 통해 그 생각과 느낌이 기록에 영향을 미치도록 하는 것이다. 심리 상태는, 아주 미세하지만 분명하게 몸에 영향을 미친다. 우리가 최후 승리의 순간을 확정하는 상상을 마음을 채워야 하는 이유다. 나는 사람들이 치유와 회복을 경험하고 그들의 가정이 회복되며 하나님 나라 일꾼으로 헌신하는 역사가 일어날 것을 믿고 상상하며 마음속에 새긴다. 그것을 계속 반복하면서 나의 인생 목표를 향해 흔들림 없이 나아가고 있다.

말씀을 암송하고 승리의 순간을 상상하는 것이 우리 마음속의 방해꾼들을 물리치고 목표를 이루는 비결이다. 기억하라. 무시로 성령 가운데 기도하며 승리와 성취의 순간을 상상하며 꿈꾸라. 그 상상은 구체적일수록 좋다. 그럴 때 인생 목표에 대한 나의 확신을 검증하고 강화할 수 있으며, 날마다 그 목표를 향해 전진할 수 있는 에너지를 얻을 것이다.

새벽의 기적 설계도 제5면: 치유 기도

내 몸의 치유를 위해 구체적으로 기도한다.

몸은 영혼만큼 중요하다

우리가 평소 몸의 건강을 위해 얼마나 하나님께 기도하는지 돌아보자. 몸의 건강을 위해 얼마나 진지하게 간구하며, 연약하고 병든 부분을 치유해달라고 하루에 몇 번이나 기도하는가? 건강에 문제가 생기면 우리는 할 수 있는 것은 모두 해본다. 하지만 하나님은 모든 병을 치유할 능력이 있다고 믿는다면서도 막상 내가 애쓰는 만큼 기도하지는 않는 것 같다. 몸이 건강할 때는 더 그렇다. 건강할 때는 몸도 영혼만큼 귀하다는 생각을 못 하기 때문이다. 사람은 건강하고 병이 없을 때는 건강을 즐기고 몸의 욕구를 채우며 지낸다. 그러다가 병들면 비로소 하나님 앞에 무릎을 꿇는다.

나는 내 몸의 건강과 몸의 병약한 부분의 치유를 위해 하루에 세 번씩 기도한다. 새벽기도 때, 점심 식사 후 쉬는 시간에, 그리고 저녁에 는 교회에 가거나 잠자기 전에 기도한다. 특별한 병이 있는 건 아니지만 나이가 들면서 성인병 관련 증상들이 나타나기 시작했다. 그래서 건강을 위해 기도할 때 고혈압 등의 증상, 복용하는 약과 운동 습관, 나이가 들어 쇠약해진 몸의 기능과 건강에 관한 모든 상황을 자세히 설명하며 기도한다. 기도 시간은 2-3분 정도면 충분하다.

하나님이 주신 우리 몸도 영혼만큼 중요하다. 그런데 성도들은 믿음의 이야기를 하면서 몸의 중요성을 간과하기도 한다. 영원한 심판과 죽음을 해결한 영혼 구원이 절대적으로 중요하다는 믿음 때문에, 몸을 중요하게 생각하는 말을 하면 신앙이 없고 세속적이라고 여기는 사람도 있다. 성도들 사이에서 전반적으로 이런 경향을 볼 수 있다.

하지만 이 세상에서 육신을 갖고 사는 동안은 영혼을 중요하게 생각하는 것만큼 몸도 중요하게 여겨야 한다. 하나님께서 우리에게 영혼뿐 아니라 몸도 주셨다. 그것이 균형 잡힌 믿음이고 지혜다. 특히 우리몸이 건강할 때 이렇게 생각해야 한다. 그리고 몸에 관심을 갖고 노력과 시간을 투자해야 한다. 몸을 중요하게 여긴다는 생각은 결코 세속적인 생각이 아니다. 오히려 몸에 관심을 갖고 몸을 위한 구체적인 행동을 실천으로 옮기는 것이 더 성숙한 신앙의 삶이다.

몸의 건강을 위한 실천의 첫걸음은 몸의 건강과 병 치유를 위해 정기적으로 기도하는 것이다. 하루 세 끼를 먹는 것이 당연하듯이 건강과

병 치유를 위해 하루에 세 번 기도하는 것도 당연하다.

말씀을 활용한 치유 기도문을 작성해서 기도한다

우리는 심각한 병이 생기면 하나님께 매달리고 간절히 기도한다. 기도 내용은 주로 병에서 빨리 낫게 해달라는 것이다. 하나님의 능력을 기대하며 간절히 호소하지만 병에 관한 자세한 내용은 없다. 하나님께 기도 응답을 기대한다면 구체적이고 자세하게 기도하는 것이 중요하다. 매사가 그렇듯이 기도할 때도 초점이 분명해야 한다. 그리고 집요할 정도로, 사격 선수가 표적의 정중앙을 조준하는 마음으로 초점에 집중해야 한다. 기도를 정조준할 때는 구체적으로 기도하는 것이 필요하다. 병의 원인, 병 상태와 기간, 의사 진단 결과, 치료 방법과 과정, 병을 대하는 자세, 병으로 인한 마음의 불안, 그리고 병을 통한 하나님의 섭리 등 모든 내용을 자세하게, 확신을 가지고 기도해야 한다.

기도 내용이 자세하면 자세할수록 기도의 초점이 분명해진다. 기도의 초점이 분명해지면 기도에 집중하게 되고, 응답을 확신하는 데 도움이 된다. 자세하게 모든 것을 아뢸 때 하나님께서 그 모든 것을 다 아시고 그 과정 하나하나에 간섭하고 역사하시기를 바라고 신뢰하게 되기 때문이다. 구체적으로 기도할 때 성령 하나님께서 그 모든 것을 듣고 역사하신다.

나는 내 몸의 병과 건강하지 못한 몸의 약한 부분에 대한 기도문을 만들어 기도한다. 평생 계속되는 위장병, 고혈압, 고지혈증 등 몸의 여러 병과 건강 상태에 따라 각각의 증상을 기도에 담았고, 기도문을 거의 외워서 기도한다. 자세한 기도는 기도를 반복적으로 빠뜨리지 않고 하게 해주고, 기도할 때마다 치유에 대한 확신이 더하며, 확신은 기도를 지속적으로 하게 해준다.

우리는 기도하면서 무슨 말을 어떻게 해야 할지 몰라서 머뭇거릴 때가 있다. 걱정과 염려와 지친 마음이 기도의 마음을 가로막기 때문이다. 더구나 기도하는 기간이 길어지면 낫고자 하는 의지가 약해진다. 마치 38년 된 병자가 베데스다 연못에서 병든 채로 누가 도와주기만을 기다리던 것처럼 병든 채로 지내게 된다. 기도의 간절함이 사라지면 기도의 능력을 체험하지 못한다.

믿음의 치유는 물질세계와 영적 세계의 연결을 전제한다. 고전 물리학에 근거한 현대 과학의 관점으로는 두 세계를 직접 연결하는 게 불가능하다. 그런데 최근 양자물리학의 관점에서는 가능하다. 양자물리학이 양자 단위의 실험을 통해 관찰자 효과를 제시한 것이다. 관찰자 효과란 관찰자의 의식이 관찰 대상을 존재하게 만든다는 것인데, 이는 마음이 물질세계에 직접 영향을 미친다는 의미다. 산더러 옮겨지라 하면 옮겨질 것이라는 주님의 말씀은 믿음의 세계에서 가능한 일이지만, 이제는 과학적으로도 설명이 가능하다는 뜻이기도 하다.

기도할 때 마음을 다하는 것이 얼마나 중요한지를 분명하게 깨달는다. 마음을 다한 것과 다하지 않은 것의 차이를 우리는 보통 '정성이 다르다'라고 말한다. 그 정성의 차이는 마음의 차이로 그치지 않는다. 그것은 살아계신 하나님을 움직이고 역사하는 데 영향을 미친다. 양자 물리학은 마음속 생각조차도 물리적 실체를 가진 에너지처럼 작용한다고 설명한다. 마음을 다한 것과 마음을 다하지 않은 것은 마음의 파동이 다르다는 것이다. 그 마음의 파동이 믿음의 차이로 나타날 수도 있다. 그렇다면 마음을 다하는 간절한 기도는 하나님의 능력을 경험하는 기도가 된다 .

새벽의 기적 설계도 제6면: 시편 묵상

매일 시편을 다섯 편씩 읽고 묵상 기도를 통해 주시는 은혜와
내 삶에 적용할 내용을 감사함으로 받으며,
그 은혜의 내용을 기록한다.

시편 묵상으로 마음의 영적 훈련을 계속하라

제주에서 예배를 새롭게 바꾸면서, 날마다 드리는 새벽기도회 때 참석자들이 돌아가며 함께 매일 시편 다섯 편을 읽었다. 한 달이면 시편 150편을 한 번 읽을 수 있었다. 읽고 난 후에 자기가 받은 말씀을 말한 후에 그 말씀으로 각자 간단하게 기도하고 예배를 마쳤다. 기도회를 마치고 받은 말씀이 주는 의미를 묵상할 때 하나님은 놀라운 은혜를 부어 주셨다. 시편 읽기와 묵상은 마음을 지키고 영성을 훈련하는 좋은 방법이다.

시편을 매달 한 번씩 읽는 영적 훈련이 내 마음을 풍성하게 하는 영성의 보고가 되었다. 성경 66권의 내용 모두가 신앙을 위한 말씀이지만, 신앙은 마음에서 시작하고 마음으로 마친다고 말할 만큼 마음이 중

요하다. 성령님이 우리 마음에 계신다고 말하는 것은 내 마음과 하나님 마음이 일치해야 한다는 고백이다. 마음의 중요성을 말해준다. 잠언의 말씀이 바로 이 마음의 중요성을 확인해준다.

> 모든 지킬 만한 것 중에 더욱 네 마음을 지키라 생명의 근원이 이에서 남이니라(잠 4:23).

깊은 영성을 기대하고 성숙한 신앙인으로 성장하기를 원한다면 시편을 매일 묵상하라.

시편 묵상 때 마음에 와닿는 구절을 마음에 새기라

나는 매일 새벽 시편을 읽을 때마다 특별히 마음에 다가온 구절을 통해 주시는 놀라운 은혜를 받는다. 말씀 묵상은 깊은 깨달음을 주고 무한한 은혜를 부어준다. 나에게는 정말 황금 같은 시간이다. 구하는 기도가 아니라 주시는 것을 받는 기도를 드리게 된다. 일반적으로 드리는 새벽기도회에서 얻는 것과는 다른 은혜다. 물론 새벽기도를 하면서도 기도 제목을 갖고 기도하지만 말씀 묵상을 통해 하나님이 주시는 은혜가 훨씬 크고 값지다. 내 영혼이 풍성해지고 심령과 골수가 쪼개지는 은혜를 체험한다.

묵상은 나와 내 삶을 말씀의 빛에 드러내는 일이다. 내 삶에 말씀을 적용하는 시간이다. 적용하면 할수록 깊은 깨달음과 삶의 도전이 새롭게 다가온다.

말씀을 깊이 묵상하기까지 나는 평범한 신앙의 삶을 살아왔다. 삶의 문제는 누구나 있게 마련이고, 이미 알고 있는 문제이고, 해답도 알고 있다고 생각했다. 더 성숙한 차원에서 내 삶의 문제를 바라보고 해결하며 살겠다는 의지와 간절함이 없었던 것이다. 신앙의 성숙과 진보가 멈출 수밖에 없었다.

그런데 시편 묵상을 통해 말씀의 깊이를 체험하면서 말씀에 다가가 말씀을 붙들고 인내하며 매달리게 되었다. 감사하게도 하나님 앞에서 문제가 있는 채로 무책임하게 습관대로 살아오던 삶에 새로운 깨달음을 얻고 새로운 길도 보이기 시작했다. 영적으로 새로운 과제가 주어지고 그 과제를 행할 수 있는 힘과 지혜와 능력이 채워지는 것을 느꼈다.

말씀이 머리에 남아 고인 물이 되지 않게 하려면 묵상이 필요하다. 묵상은 말씀을 머리에서 가슴으로 흘려보내는 작업이기 때문이다. 마음으로 내려온 말씀은 성령의 도우심으로 샘물처럼 솟아오르며 마음을 뜨겁게 하고, 마음에 말씀의 흔적을 남기고 말씀의 길을 낸다. 때로는 새벽 말씀을 온종일 묵상하면서 하나님 은혜가 샘물처럼 솟아오르며 삶의 순간마다 내 영혼을 살리는 활력소가 되는 것을 경험한다.

암송으로 '성령의 검'을 무시로 활용하라

지난해부터 시편 묵상을 시작하면서 새로 암송하기 시작한 구절이 제법 쌓여 이제는 100구절이 넘는다. 우리는 어려서부터 말씀 암송을 많이 하면서도 말씀 암송의 유익을 확실하게 몰랐다. 말씀 암송은 주일학교 성경 암송대회 때 1등을 하려고, 상 받은 것을 자랑하려고 하는 것이 아니다. 말씀 암송의 유익은 말씀을 '성령의 검'으로 사용할 수 있다는 데 있다(엡 6:17).

"구슬이 서 말이라도 꿰어야 보배다"라고들 한다. 아무리 많아도 쓸모 있게 사용하지 못하면 아무런 가치가 없다는 말이다. 성경을 많이 읽고 알고 이해해도 내 삶의 현장에서 힘과 능력으로 역사하지 못하면 살아있는 말씀이 아니다. 단지 문자로 기록되어 있는 성경 지식일 뿐이다.

암송한 말씀은 내 삶을 위한 맞춤 양복이다. 대량으로 똑같이 만든 기성복이 아니라 나의 체형과 몸매에 맞게 제작한 안성맞춤 양복이다. 암송한 말씀이 내 삶의 여러 정황에 적용할 수 있는 꼭 필요한 능력이고 힘이 된다. 말씀 암송을 통해 상황에 따라 필요한 격려, 위로, 교훈, 경고, 감사, 지혜 등의 은혜를 체험할 수 있다.

새벽의 기적을 실천하는 과정에서도 말씀 암송이 중요하다. 나는 매일 인생 목표를 확인하고 선언하며 기도할 때마다 말씀 암송도 함께 한다. 인생 목표는 확신을 가지고 나아가되 포기하거나 흔들리지 않는 것이 관건인데, 그때 말씀 암송은 나에게 기둥이 되어 버틸 수 있게 해준다. 내 생각이 복잡해지고 확신이 흔들릴 때마다, 말씀을 통해 하나님이 나에게 주신 비전이라는 사실을 확인하고 마음을 다잡을 수 있다. 인생 목표를 위해 하나님께서 나에게 주신 말씀은 누가복음 4장 18-19절과 시편 20편 1-5절 말씀이다.

주의 성령이 내게 임하셨으니 이는 가난한 자에게 복음을 전하게 하시려고 내게 기름을 부으시고 나를 보내사 포로 된 자에게 자유를, 눈 먼 자에게 다시 보게 함을 전파하며 눌린 자를 자유롭게 하고 주의 은혜의 해를 전파하게 하려 하심이라 하였더라(눅 4:18-19).

환난 날에 여호와께서 네게 응답하시고 야곱의 하나님의 이름이 너를 높이 드시며 성소에서 너를 도와주시고 시온에서 너를 붙드시며 네 모든 소제를 기억하시며 네 번제를 받아주시기를 원하노라 (셀라) 네 마음의 소원대로 허락하시고 네 모든 계획을 이루어주시기를 원하노라 우리가 너의 승리로 말미암아 개가를 부르며 우리 하나님의 이름으로 우리의 깃발을 세우리니 여호와께서 네 모든 기도를 이루어주시기를 원하노라(시 20:1-5).

지금도 매일 새벽에 인생 목표를 위해 기도할 때마다 이 말씀을 암송한다.

새벽의 기적 설계도 제7면: 운동

몸을 돌보고 건강을 유지하며
즐거운 삶을 위해 날마다 운동을 한다.

몸의 영성을 구축하고 몸을 관리하라

돈 관리, 시간 관리, 그리고 몸 관리, 이 세 가지를 어려서부터 가정에서 훈련하면 평생 건강한 자기 관리를 위한 틀이 된다. 공부보다 이 세 가지가 더 중요하다. 이것만 되면 그 틀 안에 공부하는 것, 믿음 생활하는 것, 사회생활 하는 것 등 전부를 포함하여 성공적인 인생을 만들어갈 수 있다.

'지금 알게 된 것을 그때 알았더라면!' 이것은 때늦은 후회를 할 때 하는 자조적인 탄식의 말이다. 나에게도 그 탄식이 있다. 바로 몸 관리의 중요성이다. 내가 몸 관리의 중요성을 젊어서 알았더라면 아마도 몸 관리가 내 인생 우선순위의 첫째였을 것이다. 나이가 들어가면서 몸 관리의 중요성을 새삼 깨닫는다. 몸이 중요한 건 젊어서도 마찬가지다. 젊어서는 몸이 생각대로 움직인다. 그래서 병이 생겼을 때를 제외하고는 건강 관리의 중요성을 별로 느끼지 못한다. 그러다 나이가 들어가면서 체력의 한계를 느끼기 시작하고, 나이가 더 들면 평상시에도 몸이 마음대로 되지 않는다는 걸 절감한다.

몸도 하나님이 주신 것이다. 영혼만큼 귀하게 여기고 잘 돌봐야 한다. 몸이 활력 있는 삶의 기초가 된다. 나이 든 사람만이 아니라 젊은 사람에게도 적용된다. 건강하고 활력 있는 삶의 기초는 건강이다. 따라서 건강을 위해 몸을 관리해야 한다. 운동할 때도 대충 뛰고 땀 흘리는 정도를 넘어 전문적인 안내를 받아 시작하는 것이 좋다. 근력운동과 유산소운동을 균형 있게 계획해서 하는 것이 좋다. 몸 관리를 위한 운동은 매일 성경을 읽는 것만큼 중요하다. 하루에 밥을 세 끼를 먹는 것이 당연하듯이 매일 운동하는 것이 당연해야 한다.

운동에 시간과 노력과 일관성을 투자하여 몸을 관리하라. 인생 전체를 볼 때 운동은 최고의 투자이며 최고의 수익률을 거두는 것이다. 운동은 결코 시간이 나면 하는 것, 억지로 자투리 시간을 만들어 하는 것이 아니다. 몸 관리와 운동은 온전한 삶을 만드는 생활의 틀을 구축하는 일이다. 그래서 몸의 신학이 세워져야 하고 몸의 영성도 필요하다.

나는 하나님이 주신 몸을 제대로 돌보기 위해 오전과 오후로 나누어 하루에 두 번 운동한다. 새벽기도를 마치고 식사를 하기 전에 약 30분 동안 스트레칭, 근력운동, 윗몸 일으키기 등을 한다. 몸에 땀이 약간 날 듯한 정도로 하는데, 하루 삶을 살기 위한 컨디션에 결정적인 유익이 된다. 오후에는 4시쯤 집 뒤에 있는 산을 오른다. 왕복 거리가 5킬로미터 정도라서 오르내리는 데 한 시간 정도 걸린다. 몸에 약간 땀이 날 정도의 적절한 운동이다. 제주 공동체에서는 체육관에 나가 한 시간 정도 운동을 하거나 한 시간 정도 자전거를 탔다.

운동은 몸을 살리는 성경 말씀이다

운동은 몸에 필요한 성경 말씀과 같다. 매일 말씀을 묵상하듯 운동도 규칙적으로 꾸준히 해야 한다. 모든 것이 편리해진 리모컨 시대를 살아가며 움직이고 땀 흘리는 노동을 최소화하는 현대인들은 운동 부족으로 여러 성인병의 위험에 노출되어 있다. 흙으로 만들어진 인간이 몸의 자생력을 유지하려면 적당하게 땀을 흘리며 운동해야 한다. 그것이 하나님의 창조 원리다. 많은 사람들이 굳게 마음을 먹고 운동을 시작하지만 그 결심을 꾸준히 실천하는 사람은 적다. 그래서 운동 습관을 만들어야 한다.

운동을 습관으로 만들지 않으면 늘 이유나 핑계가 생기고 지속적으로 하지 못한다. 내가 운동을 습관으로 만드는 과정에서 큰 걸림돌은 운동을 할 시간을 마련하는 것이었다. 글쓰기와 설교 준비, 독서 등을 하다 보면 늘 시간이 모자랐다. 그러면 운동을 생략하거나 다음으로 미루게 된다.

그러나 하루 기적의 삶을 시작하면서 운동 습관을 만들기로 작정했다. 제일 먼저 운동 습관을 만드는 데 방해가 되는 내 생각을 바꾸었다. 마치지 못한 글을 더 쓰고 싶다는 욕구, 다 읽지 못한 책을 계속 읽고 싶다는 생각, 운동을 하면 시간을 뺏긴다는 느낌, 피곤하니 그만두자는 생각 등이 방해물이었다.

내 마음과 삶의 모습을 성찰하면서 간단한 사실을 깨달았다. 글을 쓰고 책을 읽는 것은 평생을 해야 하는 일이므로 아무리 많이 한들 흡족하다고 느끼는 순간은 없다는 깨달음이었다. 그래서 지금까지 한 것으로도 충분하다고 인정하고 받아들이기로 했다. 카이로스 시간을 살기로 한 것이다. 운동할 시간이 되면 그 시간까지 읽은 책과 쓴 글만으로도 그날의 일로 충분하다 생각하고 멈추었다. 그리고 책을 덮고 운동을 시작할 수 있었다. 지금도 운동 시간이 되면 무조건 글을 쓰다 확실하게 멈추고 운동을 나선다. 이 운동 습관이 변치 않고 계속되고 더 즐겁게 운동하기를 기도하며 운동하고 있다.

글쓰기를 멈추고 운동하기로 하면서 깨달은 것이 하나 더 있다. 운동할 시간이 되면 나는 스스로에게 "이제 걸으며 글 쓰러 가자"라고 말하기 시작했다. 등산길을 오르는 동안 너무 좋은 생각들이 떠오르기 시작한 것이다. 운동을 한다고 글쓰기를 멈추는 것이 아니었다. 글을 계속 쓸 뿐 아니라 더 좋은 생각을 쓸 수 있다. 하루도 빠짐 없이 이것을 경험한다. 그래서 산 정상에 오르면 스마트펜으로 아이디어를 간단하게 메모한다. 산책할 때 좋은 아이디어가 떠오른다는 연구 결과도 있다. 그래

생활수도사로 사는 하루의 기적

서 지금 나는 운동하며 글을 쓰는 일석이조의 삶을 살고 있다.

기억하라. 운동은 몸을 살리는 성경 말씀이다. 몸은 우리의 마음과 영혼만큼 중요하다. 몸도 하나님이 만드신 것이기 때문이다. 동일한 관심과 열정으로 돌봐야 한다. 그것이 우리 삶과 영성의 균형을 이루는 방법이다.

새벽의 기적 설계도 제8면: 감사 선언

하루의 일과를 점검하고 감사로 새벽을 마무리한다.

사람마다 일과가 다르다. 직장인, 주부, 학생, 직장인, 자영업자, 농부, 운동선수, 경비원 등 각각 자기의 일도 다르다. 그러나 일과를 점검하는 것은 어떤 일을 하든 시간 절약과 집중에 도움이 된다.

해야 할 일이 많으면 우리는 무엇을 먼저 해야 할지 고민한다. 어떤 직업이든 우선순위를 정하는 것이 일의 순서다. 우선순위를 정해 놓으면 망설임과 갈등 없이 일과를 마치는 데 도움을 받고 성취감도 높일 수 있다. 자기 일과를 새로운 일, 하던 일, 계획할 일, 마무리할 일 등으로 구분하는 것도 우선순위를 정하고 일의 완성도를 높이는 데 도움이 된다.

하루에 해야 할 일과를 정하되 과도한 일과 선정은 사람을 지치게 하고 불안하게 만든다. 휴식 시간, 운동 시간, 대화 시간 등도 충분히 고려해서 일과를 계획해야 한다. 누구에게나 시간은 모자라고 해야 할 일은 많다. 세상살이가 모두 경쟁이기 때문에 더 그렇다. 자기 역량을 넘어서는 일과가 없을 수는 없지만 무리하는 삶이 오래가지 않도록 해야 한다.

영적 시각으로 하루 일과를 점검한다

우리는 치열한 경쟁 사회에서 내일을 예측할 수 없는 삶을 살면서 질문을 던져야 한다. 왜곡된 가치관이 득세하고 끊임없는 적자생존의 원칙이 지배하는 어두운 영적 현실에서 단순히 크로노스의 시간을 살 것인가, 아니면 오늘 하루를 하나님의 구속사를 이루며 주님의 자녀로 풍성한 생명을 누릴 것인가? 믿음의 선택은 당연히 후자의 삶이다.

인생의 목적을 잃어버리면 더 많이 가지고도 불행해진다. 우리는 첨단 과학과 의학의 도움을 힘입어 살아가지만 여전히 불안하다. 오늘날과 같이 코비드 팬데믹 때면 백신을 찾고 병원과 약품을 의지하면서도 두려움에서 벗어나지 못한다. 이 막연한 두려움이 때로는 생명을 포기하게 하거나 혹은 강박적으로 이 세상의 더 많은 소유를 향해 달려가게 만든다. 우리는 성공과 쾌락을 추구하고 허무를 노래하는 솔로몬같이 세상의 말초적 세계관의 인생 여정을 살아서는 안 된다. 세상을 변혁시키는 주체로서 천로역정의 삶을 살아야 한다.

이를 위해서 인간을 향한 하나님의 뜻에 우리 모든 초점을 맞추어야 한다. 인생의 최종 목적지는 하나님 나라의 완성에 참여하는 것이다. 십자가를 통해 죄의 문제를 해결한 우리는, 예수님이 하나님의 나라 확장을 위해 제자들을 이끄신 것처럼 인간을 향한 하나님의 추구에 모든 초점을 맞추어야 한다.

하루를 시작하며 어디에 있든지 어디로 가든지 우리에게 모든 것을 공급하시는 하나님, 그 하나님의 나라가 도래하기를 추구하라. 하나님이 우리에게 부여하신 은사와 재능을 통해 이 땅에서 하나님의 나라를 이루어가는 것이 바로 우리 크리스천이 가져야 할 비전의 삶이고 소명이다.

감사의 문으로 들어가고 감사의 문으로 나온다

해가 떠오르고 만물이 빛 앞에 드러날 때 새벽은 소리 없이 사라진다. 그로써 우리에게 하루의 삶이 본격적으로 시작되는 시간을 활기차게 출발하라는 메시지를 던진다. 일찍 일어나 새벽을 설계하고 살아가기 시작할 때 비로소 그 메시지를 마음으로 받아 힘찬 발걸음을 내딛을 수 있다. 그 발걸음을 내딛는 순간, 하루의 기적에서 새벽의 기적을 이루었다는 신호를 내 마음에 보낸다. 새벽 기적의 설계도를 따라 오늘 새벽의 기적이 든든하게 건축되었음을 감사로 고백하는 것이 바로 그 신호다.

감사는 "이제 됐다!"라는 마음의 선언이다. 하루의 기적의 삶에서는 감사 고백이 삶의 주요 순간마다 찬송의 후렴구처럼 따라다닌다. 작은 일이든 큰일이든 무슨 일을 마치든 매 순간을 감사로 매조지는 것이다.

다시 말하지만, 감사는 받아들이는 것이다. 모든 것을 감사한다는 것은 모든 일을 받아들인다는 고백이다. 새벽의 삶을 계획대로 100퍼센트 완벽하게 실천했든 못 했든 상관없다. 혹시 내 마음에 흡족하지 못한 부분이 있더라도 문제 되지 않는다. 새벽을 감사하고 새벽을 맞이했음을 감사하라. 완벽함은 목표가 아니라 매일 더 나아지기 위해 바라보는 기준점일 뿐이다.

내가 새벽에 얼마나 무엇을 했느냐가 나의 현재 실력이다. 새벽에 어느 정도로 어떻게 했든지 전심으로 감사하라. 있는 그대로의 실력을 감사로 받아들이고 인정할 때 더 나아갈 수 있고, 그래서 더 나아질 수 있다. 감사로 마무리하지 않으면 의심이 교묘하게 틈을 타고 들어온다. 불만, 아쉬움, 실망, 포기 등의 감정이다. 그것밖에 못 했다, 약속을 못 지켰다, 별 유익이 안 된다, 내가 그것밖에 안 된다, 늘 그랬다 등 나를 정죄하고 나를 주저앉히는 생각들이다. 이런 생각들은 하루의 기적을 살아가는 삶에서 암세포같이 웅크리고 있다가 틈새만 생기면 나타나 우리를 무너뜨린다.

눈을 뜨자마자 감사로 새벽을 열었던 순간부터 실천한 모든 과정을 온 마음으로 감사하며 고백하라. 새벽의 기적 설계도를 따라 한 편의 수채화를 그렸다고 생각하라. 꼭 명화가 될 필요가 없다. 내가 그렸기에 명화다. 그렇게 감사하면 된다.

감사 고백을 할 때도 암송하는 하나님의 말씀이 위력을 발휘한다. 나는 다음 말씀을 외우며 감사한다.

그 주인이 이르되 잘하였도다 착하고 충성된 종아 네가 적은 일에 충성하였으매 내가 많은 것을 네게 맡기리니 네 주인의 즐거움에 참여할지어다 하고(마 25:21).

나를 있는 모습 그대로 인정하고 칭찬하시는 주님의 음성을 듣고 진심으로 감사 고백을 하면 된다.

새벽을 닫으며 하는 감사 고백은 새벽의 삶만 마무리하는 것이 아니다. 곧바로 이어지는 나인 투 파이브(9 to 5)의 기적을 위한 준비이기도 하다. 일터에 나가 일하는 시간인 나인 투 파이브의 시간은 주어진 일을 하며 우리 인생을 건축하는 시간이다. 세상으로 나가 세상과 접하고 삶의 전쟁터로 가는 시간이다.

세상은 복잡하다. 나 혼자 제대로 사는 것만으로 되지 않는다. 자칫하면 복잡한 세상의 상황에 압도되고 만다. 그래서 내게 주어진 상황을 위해 기도하지만 매일 제자리를 맴돈다는 생각이 들기도 한다. 그 생각을 벗어나 새롭게 되기 위한 시작도 감사 고백이다.

감사는 복잡한 세상의 상황을 모두 받아들이는 것이다. 세상과 싸워 이기려면 먼저 세상을 받아들여야 한다. 믿음의 사람은 세상에 동화되거나 휩쓸리지 말아야 하지만 세상을 떠날 수는 없다. 비포장도로를 달리는 차 안에서 몸이 흔들리지 않으려고 버티는 것은 미련한 짓이다. 차의 흔들림에 유연하게 몸을 맡기는 게 더 편하다. 나인 투 파이브의 시간에 세상과의 접촉이 이루어진다는 것을 명심하고 감사로 고백하며 그 시간을 맞이해야 한다.

3장

마음 성경 지도로 세상에서 승리한다

'마음 성경 지도'는 성경 전체를 간결하게 만든 성경 요약이다. 말씀
이 필요한 삶의 순간마다 말씀을 즉시로 활용할 수 없다면 살아있
는 능력의 말씀이 아니다. 보물 창고에 아무리 좋은 보물이 많아도
그 보물이 창고 어디에 있는지 찾아서 활용할 수 없다면 창고에 쌓
아둔 쓸모없는 잡동사니에 불과한 것과 같다. 바쁘게 돌아가는 이
세상에서 마음 성경 지도를 잘 활용해 믿음을 세워가면 이 세상에
서 일하며 살아가는 '나인 투 파이브'의 기적을 이루어갈 수 있다.

나인 투 파이브의 기적

세상은 전쟁터다

세상은 만인의, 만인을 위한 투쟁이 있는 곳이다. 모두가 무한 경쟁 시대 속에서 자기의 성공과 유익을 위해 달려간다. 돈, 권력, 육신의 쾌락을 위해 수단과 방법을 가리지 않고 살아간다. 시기와 질투, 암투와 모략이 난무한다. 목숨을 건 싸움이 날마다 이어진다. 이런 전쟁터에서 살아가려면 실력과 경험만으로는 부족하다. 치열하게 치고받아야 겨우 살아남을 수 있다. 수많은 갈등과 대립 속에서 지치며 자신을 지키기에도 버거운 것이 우리 현대인의 삶이다. 뒤처지면 패배자가 되고, 패배에 함몰되면 실패자가 된다. 불굴의 의지와 피땀을 흘리는 노력과 도전 정신으로 버텨도 쉽지 않다.

이런 전쟁터에서 세상을 잘 다루고 적응하며 자기의 꿈을 향해 나아가는 사람이 있는가 하면 그렇지 못한 사람도 많다. 업무 스트레스를 호소하면서 어떻게 해결하고 어떤 결정을 해야 할지 망설이며 힘들어하는 사람도 있다. 때로는 세상의 압력과 유혹을 고민하기도 하며, 동료와의 불화나 갈등을 견디지 못해 회사를 뛰쳐나오기도 한다. 그렇다고 누가 나를 동정해주지도 않는다. 친구의 위로와 격려도 받지만 해결책은 아니다. 내가 해결해야 한다.

세상에서의 삶이 곧 영적 싸움이다

하나님의 자녀도 이 세상에서 살아가는 존재다. 이 치열한 전쟁터를 벗어날 수 없다. 하지만 믿음으로 헤쳐나가려는 기본 자세가 있다. 세상 사람들과 경쟁하기 위한 세상의 실력을 갖추는 것은 기초 중의 기초다. 하지만 그것이 전부는 아니며 본질도 아니다. 이 모든 경쟁과 싸움은 영적 싸움이다.

나인 투 파이브의 시간은 세상 사람들 속에서 분주하게 일하는 시간이다. 세상 사람들은 함께 일하는 동료이면서 동시에 나를 이기고 앞서나가려 하는 경쟁자이기도 하다. 때로는 시기와 질투와 모함을 하는 적군이 되기도 한다. 한마디로 세상은 적과 동침하며 사는 곳이다. 그리스도의 군사인 우리는 지금 전쟁터에 나와 있지 사격 훈련장에 있는 것이 아니다. 전쟁터에서는 적과 싸워 이길 준비가 되어 있지 않으면 적군에게 목숨을 빼앗길 수밖에 없다.

동료가 적이라고 해서 진짜 총을 들이댈 수 없다. 그래서 영적 싸움을 해야 한다. 영적 싸움은 세상 사람들이 사는 3차원을 넘어서는 4차원의 싸움이다. 육신의 건강, 세상을 알고 다룰 수 있는 전문 지식, 경험 등으로도 무장하지만, 살아계신 하나님이 내 삶의 주관자이심을 믿는 믿음이 더 중요하다. 이 영적 싸움의 주인이 내가 아니라 하나님이심을 인정하는 믿음이 승리의 열쇠다. 전쟁을 준비하던 여호수아에게 나타난 여호와의 군대장관이 여호수아에게 '네 발에서 신을 벗으라' 할 때 명령을 따라 그대로 순종하던 그 믿음이다.

믿음의 사람은 삶의 현장에서 겪는 고통을 해결하기 위해 가장 먼저 하나님의 음성을 구한다. 세상에서의 실패와 좌절 혹은 부당한 고난 등을 앞에 두고 자신의 능력으로 해결하려 하지 않는다. 아울러 하나님이 허락하신 일이 아니라며 회피하지도 않으며, 믿음으로 받아들인다. 하나님의 영광과 주님의 비전을 위해 일한다는 믿음이 있기에 흔들리지 않는다. 총알이 빗발치는 전쟁터에서도 복음을 전하고 크리스천의 향기를 풍겨야 하는 사명이 있음을 명심하며 산다.

영적 싸움의 전쟁터는 마음이다

전쟁은 전투 현장인 이 세상에서 이루어지지만, 그 전쟁터를 통솔

하고 지시하는 사령탑은 세상에 있지 않다. 사령탑에서 사령관이 전쟁터의 모든 상황을 바라보고 판단하고 결정해서 지시한다. 영적 싸움의 사령탑은 우리 마음이다. 영적 싸움의 모든 책임도 마음에 있다. 한마디로 영적 싸움은 마음에서 일어난다. 이것이 바로 하나님이 우리 마음의 주인이 되어야 하는 이유다.

마음이 중요하다. 모세의 뒤를 이어 가나안 땅에 들어가는 지도자로 세움을 받은 여호수아에게 하나님은 강하고 담대하라며 그의 마음을 격려했다. 그 마음이 하나님을 주인으로 인정하는 게 믿음이다. 이전에 애굽 병사가 뒤에서 쫓아오고 홍해가 가로막혀 있는 사면초가의 상황에서 하나님께서는 모세를 통해 "너희는 두려워하지 말고 가만히 서서 여호와께서 오늘 너희를 위하여 행하시는 구원을 보라"고 말씀하셨다. 싸움의 승패가 전적으로 마음에 달린 것을 알 수 있다.

나인 투 파이브의 시간은 마음에 달려 있다. 마음만 준비되어 있으면 모든 일을 감당할 수 있지만 그렇지 않으면 휘둘리고 넘어진다. 그래서 성경은 "모든 지킬 만한 것 중에 더욱 네 마음을 지키라 생명의 근원이 이에서 남이니라"(잠 4:23)라고 권한다.

영적으로 마음을 지키는 일은 하나님의 전신갑주를 입는 일이다. 구원의 투구, 의의 흉배, 진리의 허리띠, 평안의 복음을 예비하는 신발, 믿음의 방패, 그리고 성령의 검 곧 말씀으로 무장하는 것을 말한다. 이 모든 영적 무장이 이루어지는 곳이 바로 마음이다. 마음이 온전하게 준비되어 있으면 하나님과 가깝게 지내고, 사람을 얻으며, 목표도 성취할 수 있다.

다윗은 완전한 마음으로 준비된 사람이다

다윗이 위대한 믿음의 사람이 된 것은 바로 마음이 준비되어 있었기 때문이다. 그는 집안의 막내로 자라면서 부모에게 인정받지 못했다. 아버지 이새가 사무엘에게 자기 아들들을 소개하는 장면을 보면 그 사실이 드러난다. 이새가 사무엘에게 아들들을 소개할 때 처음에 다윗은 그의 안중에도 없었다. 하지만 다윗은 성실하게 목동으로 살면서 단호하고도 여유 있는 마음을 키웠다. 그 마음이 훌륭하고 용감한 장군이 되게 했다. 사울에게 목숨을 위협을 받는 고난도 이겨내게 했다. 자기를 죽이려 했던 원수까지 품는 포용력과 정치적 능력을 발휘하면서 이스라엘 나라를 통일한 왕이 되게 했다. 무엇보다도 다윗은 하나님을 깊이 사랑했던 믿음과 기도의 사람이었다. 성경은 다윗을 이렇게 묘사한다.

또 그의 종 다윗을 택하시되 양의 우리에서 취하시며 젖 양을 지키는 중에서 그를 이끌어내사 그의 백성인 야곱, 그의 소유인 이스라엘을 기르게 하셨더니 이에 그가 그들을 자기 마음의 완전함으로 기르고 그의 손의 능숙함으로 그들을 지도하였도다(시 78:70-72).

다윗은 나인 투 파이브의 시간을 '마음의 완전함'과 '손의 능숙함'으로 대했다. 하나님을 섬기는 일 뿐 아니라 양을 기르고, 사람을 대하며, 백성을 다스리는 일까지, 어느 하나도 소홀하지 않고 하나님이 기대하시는 삶을 살았다. 이것이 하나님께서 다윗을 내 마음에 합한 사람이라고 말한 이유다.

어떤 삶을 사느냐는 마음에 달려 있다. 인생은 마음 먹기에 달렸다고 한다. 하나님의 시간을 사는 것도 다르지 않다. 하루의 기적을 사는 것도 마찬가지다. 이 세상에서 일하며 살아가는 나인 투 파이브의 시간은 일뿐 아니라 사람과 하나님까지 함께 대하는 시간이기 때문에 마음의 성숙이 더욱 중요하다.

마음 성경 지도

나인 투 파이브의 시간은 나 자신과 가정을 위해 일할 뿐 아니라 하나님의 영광을 위해 사는 시간이다. 사람마다 하는 일도 다양하다. 학생은 공부, 직장인은 업무, 전업주부는 살림, 운동선수는 훈련과 시합, 또 은퇴한 사람들은 여유로운 일상 등으로 시간을 보낸다.

이 시간은 세상과 믿지 않는 사람들을 수시로 접한다는 특징이 있다. 그 과정에서 성취, 경쟁, 시기, 질투, 실패와 좌절 등을 겪는다. 신자든 비신자든 사람들은 남에게 뒤지지 않고 앞서나가고 싶어한다. 더 나아가 신자는 신앙적으로 거룩한 성도의 정체성을 유지하고 그리스도의 향기를 전하는 삶도 살려고 한다. 세상에 거룩한 영향력을 끼쳐야 한다고 생각하기 때문에 비신자들보다 더 힘든 삶을 산다.

생활수도사로 사는 하루의 기적

마음 지형을 위한 마음 성경 지도

실제 전투에서 사용하는 지도의 축척이 5만분의 1이라고 한다. '마음 성경 지도'는 성경 66권을 5만분의 1로 압축한 지도다.

마음 성경 지도에는 여러 가지가 있다. 신학 주제의 관점에서는 성경이 창조, 타락, 그리고 구속으로 요약된다. 성도의 삶이라는 관점에서 보면 구원, 성화, 그리고 영화로 요약이 가능하다. 이스라엘 역사의 관점에서는 출애굽, 광야, 가나안, 사사 시대 그리고 왕정 시대로 요약된다. 신약 내용은 성육신하신 예수님의 공생애 사역 시대와 제자들의 복음 전파 사역을 기록한 사도행전 시대로 구분한다. 우리는 초대교회 이후부터 시작된 사도행전 시대, 복음을 전하면서 예수님의 재림을 기다리는 마지막 시대를 살고 있다. 복음의 시각으로 보면 예수님의 탄생, 고난, 죽음, 부활, 승천, 재림으로 요약할 수 있다.

이 책에서는 위의 주제를 빠뜨리지 않고 다루면서도 성도의 삶을 실제로 도울 수 있는 요약된 성경 내용을 준비했다. 요약된 내용은 애굽, 광야, 가나안, 그리고 예루살렘과 갈릴리다. 이 다섯 지역은 신구약 성경의 핵심 주제와 이야기를 모두 포함한다. 그리고 구원, 성화, 천국, 선교, 예배 등의 신학적 개념과 신앙적 원리와 의미를 포함하고 있다. 한마디로 이것만 있으면 성도들은 각자 자신의 신앙생활을 점검 할 수 있다.

다섯 지역은 초보 신앙인에게도 익숙한 지역 이름이다. 그 이름만 기억하고 의미와 핵심 내용을 이해하면 그곳에서의 영적 싸움을 위한 전략을 실천할 수 있다.

마음 성경 지도는 스마트폰의 앱과 같다

스마트폰이 있으면 컴퓨터가 따로 필요하지 않다. 장소와 시간에 구애받지 않고 이동 중에도 컴퓨터처럼 사용할 수 있기 때문이다. 스마트폰 앱은 다양한 컴퓨터 기능을 간편하게 사용할 수 있게 해준다. 마음 성경 지도는 마음에 장착하는 모바일 성경 앱이다. 스마트폰에 장착된 앱처럼 마음에 장착해야 활용할 수 있다. 우리가 마음에 신구약 성경 66권 전부를 넣을 수 없다. 바쁘게 살아가면서 성경을 일일이 찾을 수도 없고 활용하기도 어렵다. 그래서 마음에 성경 앱을 깔아야 한다. 하나님 말씀으로 항상 활용할 수 있는 앱이다.

마음 성경 지도는 성경 전체를 간결하게 만든 성경 요약이다. 마음에 깔려 있기 때문에 모바일 앱처럼 필요한 순간에 마음에서 즉시로 활용할 수 있다. 말씀이 필요한 삶의 순간마다 말씀을 즉시로 활용할 수 없다면 살아있는 능력의 말씀이 아니다. 보물 창고에 아무리 좋은 보물이 많아도 그 보물이 창고 어디에 있는지 찾아서 활용할 수 없다면 창고에 쌓아둔 쓸모없는 잡동사니에 불과한 것과 같다. 바쁘게 돌아가는 이 세상에서 마음 성경 지도를 잘 활용해 믿음을 세워가면 나인 투 파이브의 기적을 이루어갈 수 있다.

마음 성경 지도의 활용 목적과 방법

전쟁에서 지도는 내 생명을 지키기 위한 절대적인 필수품이다. 내가 어디에 있고 적군이 어디에 있는지를 아는 것에서부터 전투 전략이 수립된다. 마음 성경 지도도 마찬가지다. 영적 전쟁이 일어나고 있는 내 마음을 정복하기 위해서는 마음 성경 지도를 토대로 한 정복 전략을 갖고 있어야 한다.

마음 성경 지도는 인간의 두 가지 영적 착각을 깨우쳐준다. 하나는 우리가 우리 삶의 현재 영적 위치를 알고 있다는 착각이고, 또 하나는 하나님이 원하시는 삶의 궁극적 목표도 알고 있다는 착각이다. 굳이 착각이라고 말하는 이유는, 많은 사람들이 자신의 현재 위치와 삶의 방향성을 어렴풋이는 알고 있기 때문이다.

그러나 어렴풋이 알고 있는 것은 차라리 모르는 것만 못하다. 정확하지 않은 정보는 혼동과 방황 속에서 세월과 노력을 낭비하게 한다. 그 삶은 영락없이 지치고 곤한 인생이 된다. 수고와 노력의 과정에서 제대로 된 성취의 기쁨과 만족을 경험하기 어렵기 때문이다. 우리 신앙이 이제까지 제자리걸음을 한 것 같다면, 정확하지 않은 진단을 통해 신앙생활을 해왔기 때문일 수 있다. 영적으로 애매한 인생 목표를 향해 살아온 것이다. 따라서 우리는 마음속에 정확한 마음 성경 지도를 장착하고 있어야 한다.

이제 우리 마음에 장착해야 할 마음 성경 지도를 살펴볼 것이다.

마음 성경 지도는 다섯 개 지역으로 나뉘어 있다. 각 지역에서는 모두 영적 전쟁이 일어나고 있다. 그 지역을 정복하는 전략을 각 지역별로 살핀다.

생활수도사로 사는 하루의 기적

마음의 애굽

마음의 애굽에서는 하나님의 섭리 가운데 이 세상에 보내져
하나님 뜻을 따라 세상을 다스리며 살아가려는 마음과
이 세상의 성공과 물질의 풍요에 빠져 살아가려는 마음이 부딪치는
영적 전쟁이 일어나고 있다.

애굽의 성경적 배경

이스라엘 백성의 애굽 역사는 하나님께서 택하신 믿음의 조상 아
브라함에게 하신 약속으로부터 시작된다(창 12:1-3). 아브라함을 통해
큰 민족을 이루겠다는 하나님의 약속은 이삭과 야곱을 거쳐 계속 이어
졌다. 그리고 요셉을 택하여 우여곡절을 통해 애굽으로 먼저 보내어 애
굽의 총리가 되게 하신다. 애굽의 총리가 되어 나라를 잘 다스리면서 준
비를 하여 7년간의 가뭄에 어려움을 겪는 주위 나라들에게 곡식을 꾸
어주었고, 요셉의 형제들도 곡식을 꾸러 애굽으로 오면서 요셉과 극적
인 재회를 했다.

요셉과 형제들은 화해를 하고 아버지 야곱이 가족 70명을 데리고
애굽 땅 고센 지역에 정착하면서 애굽에서 이스라엘 공동체의 삶에 시

작되었다. 그로부터 400년이 흐르는 동안 이스라엘 민족의 수가 불어났다. 그 결과를 성경은 "이스라엘 자손은 생육하고 불어나 번성하고 매우 강하여 온 땅에 가득하게 되었더라"(출 1:7)라고 말한다. 출애굽기는 바로 이스라엘 민족이 하나님의 약속대로 아브라함을 통해 큰 민족을 이루겠다는 하나님의 언약이 그대로 성취된 상태에서 시작된다.

'마음의 애굽'이 갖는 영적 의미

애굽은 하나님께서 우리를 보내고 살게 하시는 이 세상을 상징한다. 이 세상은 우리가 우리를 보내신 하나님의 뜻을 이루며 사는 곳이다. 우리는 하나님께 의롭다 칭함을 받은 사람으로서 이 세상을 믿음으로 살아간다. '믿음으로 산다'는 말은 내 인생에서 하나님의 주권(lordship)을 인정하고 산다는 의미다. 내 삶을 하나님께 맡기고, 하나님께 묻고, 하나님을 신뢰하고, 하나님 방식대로 사는 것이다.

그런데 우리가 믿음의 삶을 펼쳐가는 현장은 죄가 가득 찬, 타락하고 혼탁한 세상이다. 우리를 거부하고 박대하기도 하며 때로는 우리를 유혹하고 타락하게 만든다. 한마디로 우리는 죄의 환경 속에 산다. 그런데 죄악이 가득한 세상에 살면서 동시에 세상과 거리를 두고 살아야 하는 이중 현실에 처해 있다.

성도를 의미하는 헬라어 '하기오스'(*hagios*)의 뜻은 '구별되었다'이다. 세상과는 다르다는 의미다. 세상과 함께 살아야 하면서도 세상과는 구별된 존재로 산다는 것이 모순처럼 보이기도 한다. 하지만 그게 성도에게 주어진 영적 현실이다. 이 세상에서 성도의 삶이 영적으로 끊임없는 갈등과 긴장 속에 이루어지는 이유가 여기에 있다.

하나님이 우리를 보내신 곳도 이 세상이고, 독생자를 보내주신 것도 하나님이 사랑하신 이 세상을 위해서다. 우리는 이 세상에서 세상과 함께 그리고 세상을 위해서 살아간다. 주님께서는 이 세상에서 믿음으로 사는 삶이 모순처럼 느껴지는 것을 아셨기에 제자들을 세상에 보내며 순결과 지혜 두 가지를 갖추라고 말씀하셨다. 순결은 믿음의 정체성을 유지하는 마음이고, 지혜는 불신자들과의 관계를 계속 이어가는 자세다. 구별된 존재로 살면서 세상을 향해 거룩한 영향력을 끼치는 것은 나의 순결만으로 되지 않는다. 분명한 믿음을 가지면서도 세상을 접하고 대할 수 있는 포용력을 갖춘 지혜가 필요하다.

마음의 애굽을 정복하기 위해서는 영적 전략이 필요하다. 이제부터 애굽에서의 영적 싸움을 승리로 이끄는 믿음의 전략을 다섯 가지로 나누어 살펴본다.

하나, 우리는 하나님 자녀의 신분으로 이 세상에서 살도록 보내졌음을 명심하라

이 세상은 우리가 하나님의 섭리로 태어나 살아가도록 주어진 기회다. 우리의 선택이 아니다. 이 세상에 태어나는 것부터가 그렇다. 출생을 포함해서 우리는 우리가 선택한 것이 아닌 주어진 삶을 살아간다. 부모, 생물학적 유전자, 가정, 넓은 의미에서 우리가 받는 교육 과정, 국가, 그리고 우리가 살아가는 시대 등은 우리가 선택한 것이 아니다. 마음에 들든 들지 않든 하나님에 의해 주어진 삶을 사는 것이라고 고백하는 것이 믿음이다. 따라서 이 세상을 살아가는 최고의 지혜는, 좋든 싫든 내가 선택하지 않았고 어쩔 수 없이 주어진 것이지만, 주신 것을 믿음으로 감사하며 받아들이는 것이다. 이 받아들이는 태도가 인생의 많은 것들을 해결해준다.

살다보면 나와 다른 사람과 비교하기도 한다. 나는 흙수저인데 옆의 사람은 금수저라는 사실을 알게 된다. 그럴 때 나에게 '주어진 것'을 원망하며 불평하기 쉽다. 하지만 그것만큼 바보스러운 짓은 없다. 왜냐하면 바꿀 수 있는 게 아니기 때문이다. 원망하고 불평하는 태도는 오히려 자신을 그 테두리에 스스로 가두는 일이다. 주어진 것을 받아들이지 못하면 그것에 갇혀버린다. 그러므로 마음에 들지 않아도 주어진 모든 것을 감사함으로 받아들이는 성숙한 믿음의 자세를 가져야 한다. 그렇게 할 때 비로소 나쁘다고 생각했던 조건들을 나에게 유익을 주는 복으로 바꿀 수 있다.

아브라함에게 하신 하나님의 언약에서 시작된 이스라엘 민족의 운명은 이삭과 야곱과 요셉을 통해 성취되어 나갔다. 야곱과 그의 가족 70명이 요셉의 초대로 애굽의 고센 땅에 내려가 정착하게 하시고, 애굽에서 400년 세월을 거치며 비로소 이스라엘 공동체로서 형성되었다. 그들의 선택이 아니라 하나님의 섭리로 이루어진 일이다. 나에게 주어진 조건이나 내 삶에 일어나는 모든 사건 역시 나를 택하시고 내 인생을 설계하신 하나님 섭리에 의한 것임을 믿음으로 받아들여야 한다. 이것이 이 세상을 살아가는 필수 지혜다.

둘, 세상의 뛰어난 것을 익히고 힘과 능력을 키우라

주어진 환경 속에서 최선을 다하는 것이 복된 인생을 세워가는 첫째 삶의 자세다. 부모, 가정환경, 학교, 만나는 사람 등은 전부 우리가 새로운 경험과 지식을 더할 기회다. 그 기회를 십분 활용해서 이 세상 사람들과의 경쟁에서 뒤지지 않겠다는 자세로 살아야 한다. 내 인생에 주어진 조건들을 보며, 내가 교육도 제대로 못 받고 사랑도 못 받는 가정에서 자랐다는 사실을 불평이나 원망 혹은 핑곗거리로 삼지 말아야 한다. 교육이 인생 성공의 필수조건이 아니다. 부유한 가정환경이 내 능력을 보장하는 것도 아니다. 교육을 받지 못하고 고생하고 업신여김을 받은 경험과 고난스러운 사건도 내가 받아들이기만 하면 내 인생 성공의 밑거름이 된다.

우리가 어느 가정에서 태어나고, 어떤 부모를 만나며, 어느 학교에서 공부하고, 어떤 직장에서 일하고, 누구를 만나게 하시는 것은 우리가 이 세상에서 성장하고 힘과 능력과 전문성을 갖추도록 하기 위한 훈련이며 축복의 과정이다. 한마디로 우리는 이 모든 과정을 통해서 하나님의 일을 감당하기 위해 이 세상에 보내진 특별한 존재로 성장해야 한다.

우리가 하나님의 사람이 되어 이 세상에 거룩한 영향력을 미치는 것은 단순히 믿음만으로 되지 않는다. 믿음에 더하여 사람들과 대화하고 때로는 그들을 이끌며 그들과 협력할 수 있는 지혜와 전문성도 갖추어야 한다. 리더십은 세상을 위한 리더십이다. 우리가 이끌고 갈 사람 중에는 믿는 사람뿐 아니라 믿지 않는 사람도 포함된다.

이스라엘 민족은 400년의 애굽 생활을 통해 크고 강한 민족이 되었다. 이처럼 우리도 이 세상에서 나의 힘과 능력을 키워 하나님의 섭리를 이루어가야 한다. 최선을 다해 성실하게 그리고 겸손하고 지혜롭게 이 세상을 배우고 능력을 갖추어야 한다.

그리고 무엇보다도 이 과정 속에서 자기 정체성을 분명하게 확인하고 선언하는 것이 중요하다. 하나님께서 택하신 자라는 고백과 함께, 하나님께서 나를 이 세상에 보내어 크고 강한 사람이 되기를 원하신다는 확신을 갖는 일이다.

셋, 고난이 닥칠 때 믿음의 정체성을 선언하고 구별된 모습을 지키라

이스라엘 백성은 크고 강한 민족이 되었지만 애굽의 지배를 받는 노예 신분이었다. 하나님께서 400년 세월을 통해 크고 강한 민족으로 만드신 이스라엘 백성이 애굽의 노예였다는 사실은 하나님의 아이러니다. 이스라엘이 크고 강한 민족이 되자 애굽의 왕은 그들을 두려워하여 노역을 강화하고 엄중하게 결과를 요구했다. 이 세상에서는 하나님 자녀라는 정체성이 명확할수록 세상과의 갈등이 심해지며 부당하다고 여겨지는 어려움과 고통을 당한다.

하나님께서 고난을 허락하신 의도는, 이스라엘 백성이 바로라는 세상 권력에 지배를 받는 노예 신분에서 벗어나 하나님 백성으로서의 정체성을 찾는 것이었다. 하지만 400년이라는 세월을 애굽에서 살아온 이스라엘 백성은 하나님의 백성으로 신분을 전환해야 한다는 사명을 전혀 깨닫지 못했다. 먹고사는 삶이 전부였기에 고통이 부당하다고만 여겼다. 하나님의 거룩한 백성으로 살아야 한다고 당당하게 선언하는 일은 꿈에도 생각하지 못했다.

이스라엘이 부당한 고난을 당하는 이유는, 현실적으로 힘이 없는 노예 신분이기 때문이다. 세상이 흙수저니 금수저니 떠드는 것도 사실은 신분 타령이다. 신분은 거부할 수도, 부인할 수도 없는 운명적 사실이다. 내가 못나서가 아니라 흙수저라서 업신여김을 당한다. 세상은 그렇게 부당한 곳이다.

우리는 이 세상에서 크리스천이라는 신분만으로도 부당함을 당할 수 있다. 그 부당함은 예수를 믿는다는 것만으로 당하는 고난이다. 주님은 그 고난을 이렇게 말씀하신다.

나로 말미암아 너희를 욕하고 박해하고 거짓으로 너희를 거슬러 모든 악한 말을 할 때에는 너희에게 복이 있나니(마 5:11).

따라서 그런 부당함을 원망하고 불평할 것이 아니라 애굽을 떠나는 영적 명분으로 삼아야 한다. 가나안이라는 소망을 갖는 것이 그 해결책이다. 그게 믿음이다. 세상의 부당함이 믿음의 삶을 침해하고 성도의 정체성을 거절한다면, 그것이 영적으로 세상을 떠나라는 하나님 섭리일 수 있다는 믿음을 가져야 한다.

드디어 이스라엘 백성은 '하나님께 제사를 드리기 위해 떠나겠다'라고 바로에게 선언을 한다.

> 그들이 네 말을 들으리니 너는 그들의 장로들과 함께 애굽 왕에게 이르기를 히브리 사람의 하나님 여호와께서 우리에게 임하셨은즉 우리가 우리 하나님 여호와께 제사를 드리려 하오니 사흘길쯤 광야로 가도록 허락하소서 하라(출 3:18).

바로가 그 요구를 허락하지 않았지만 하나님이 보낸 백성이라는 정체성을 새롭게 찾으려는 이스라엘 백성에게는 결코 타협할 수 없는 명분이었다.

넷, 이 세상에서 갈등과 불평이 생기면 영적 정체성을 확신하는 기회로 삼으라

인생을 살다보면 부당한 일로 갈등을 겪고 원망과 불평을 할 때가 생긴다. 그 상황만 바라보면 아무런 대안이 없다. 하지만 영적으로 바라보면 그 상황은 하나님 자녀 됨의 의미를 돌아보고 확인하는 기회다. 또 이 세상에서 힘과 능력을 키워 유명해지고 편안한 삶을 사는 것이 인생의 궁극적 목적이 아님을 깨닫는 기회다. 이 세상은 사회적 성취와 성공에 만족하고 그것을 누리며 머물러 있을 우리의 최종 목적지가 아니다. 하나님의 자녀라는 영적 정체성을 상기하고 그 의미를 삶에서 구현해야 한다. 이때가 출애굽을 생각하고 결단해야 하는 시기임을 깨달아야 한다.

출애굽은 하나님의 언약인 가나안이 인생의 최종 목적지임을 깨달을 때 이루어진다. 우리는 하루를 살아도, 무엇을 하고 무엇을 이루든지 하나님의 약속과 영광을 위한 삶을 살아야 한다. 하나님을 위하고 저 세상의 가치를 내포하는 것이어야 한다. 아직 임하지 않은 하나님 나라 도래를 꿈꾸며 나아가야 한다.

우리는 이 세상에서 '항상' 출애굽을 마음에 담고 살아야 한다. 어떤 방식으로든지 세상과 계속 단절해나가야 한다. 이는 무시로 기도하며 깨어 있어야 가능한 일이다. 애굽에 거하면서 세상 열매의 달콤함을 벗어나지 못하면 우리는 항상 애굽의 노예일 뿐이다. 아무리 큰 성공을 이루었다 해도 거룩한 하나님의 백성은 아니다.

다섯, 정체성 선언은 세상과의 영적 전쟁 선포다

전쟁은 성경에 자주 등장하는 주제 중 하나다. 우리는 성경에 평화가 아닌 전쟁 이야기가 많이 나오는 것에 대해 불편함을 느낀다. 이스라엘 민족은 아말렉, 블레셋, 가나안 족속들과 싸우고 심지어 자기들끼리도 싸웠다. 성경이 그토록 전쟁을 중요하게 다루는 이유는 바로 세상이 하나님과 전쟁 중이기 때문이다. C. S. 루이스의 표현을 빌려 말하자면, 하나님이 만드신 천지만물은 현재 "적군이 점령한 영역"이 되었다.

그는 우주가 전쟁 중이라고 말한다. 그 전쟁은 두 독립적인 권세들 사이에서의 전쟁이 아니다. 일종의 내란 내지는 반란이 일어나 우리가 사는 우주의 일부가 반역자들에게 점령당한 것이다. 적들의 점령 지역이 현재 이 세상의 모습이다. 기독교는 합법적인 왕이 변장을 하고 어떻게 이 지역에 상륙했는가에 관한 이야기다. 그리스도의 군사는 이 거대한 파괴 작전에 참여해야 한다.

하나님이 주신 인생 목적을 선언하는 것은 세상과의 영적 전쟁을 선포하는 것이다. 출애굽기 2장 모세의 탄생 이야기부터 14장에서 홍해를 건너는 사건까지 바로가 생명을 위협하며 벌이는 일련의 모든 대결 내용은, 예수를 믿는 사람이 하나님이 주신 인생 목표를 추구하는 것이 치열한 영적 전쟁이라는 사실을 말해준다.

애굽에서의 삶은 달리는 경주마에 올라탄 것과 같다. 세상은 우리가 감당하기 어려울 정도로 빠르게 변화한다. 그래서 이 세상에 살면서 삶의 방향성을 바꾸기가 쉽지 않다. 믿음의 성도에게 중요한 것은 삶의 방향성이다. 하나님의 영광이라는 삶의 방향은 결코 흔들릴 수 없고 흔들려서도 안 된다. 내가 지금 애굽의 왕궁을 향해 달려가고 있는가, 아니면 가나안으로 인도하시는 하나님의 섭리를 믿고 홍해를 건너 광야로

가고 있는가는 세밀한 영적 눈을 가지고 명확하게 판단해야 한다. 지금 왕궁으로 달려가고 있다면 방향을 바꾸든지, 그게 안 되면 말에서 뛰어 내려야 한다.

마음의 광야

광야는 삶의 필수 요건이 부족한 환경이다. 마음의 광야에서는
환경의 어려움과 고통으로 인한 원망과 불평의 마음을 극복하고
하나님 자녀라는 새로운 정체성을 구현하는 훈련이 이루어진다.

광야의 성경적 배경

하나님께서 모세를 바로에게 보내 이스라엘 백성이 하나님께 제사
하기 위해 애굽을 떠나게 해달라고 요구하게 하신다. 바로가 허락하지
않자 하나님은 기적을 나타내며 열 가지 재앙을 내리시므로 모세를 통
해 이스라엘 백성이 애굽을 떠나 홍해를 건너도록 하신다.

이스라엘 백성이 홍해를 건너 광야에 들어온 순간부터 40년 동안
마실 물이 없어 목마름을 경험하고, 먹을 음식이 없어 배고픔을 느끼며,
밤낮으로 추위와 더위 속에서 광야를 지나야 했다. 광야에서 겪은 일
련의 사건은 가나안에 들어가기 위한 믿음의 훈련이었다. 하나님께서는
매 순간 전적인 은혜를 베푸신다. 불기둥과 구름기둥으로 인도하시고,
물이 없을 때 반석에서 물이 나오게 하셨으며, 먹을 것이 없을 때 만나

를 매일 내려주시고, 고기 타령을 할 때는 메추라기를 보내주셨다.

안타깝게도 이스라엘 백성은 믿음의 훈련 과정에서 하나님이 함께 하심을 깨닫지 못하고 매번 하나님을 원망하고 불평하며 불신하는 모습을 보인다. 하나님이 약속하신 젖과 꿀이 흐르는 약속의 땅을 믿음으로 바라보지 못하고, 몸이 힘들고 어려울 때마다 애굽으로 돌아가려는 퇴행적 모습을 보였다. 모세가 하나님을 만나러 시내 산에 올라갔을 때는 모세를 기다리지 못하고 금송아지를 만드는 우상숭배의 죄까지 범한다.

하나님께서는 모세를 통해 하나님께 제사 드리는 법을 가르치셨으며 십계명을 주면서 공동체에서 함께 사는 기본 원리도 가르쳐주셨다. 이스라엘 백성이 요단 강을 건너기 바로 전 모압 지역에 모였을 때, 약속의 땅에 들어가거든 하나님께서 광야 40년 세월을 어떻게 인도하셨는지를 절대 잊지 말라고 당부하셨다.

'마음의 광야'가 갖는 의미와 정복을 위한 전략

애굽을 떠나 가나안에 들어가기 전 광야 40년의 세월은 하나님이 이끄시는 계획과 섭리에 의한 기간이다. 그 섭리는 하나님을 아는 자 곧 믿음으로 사는 자로서 성숙한 삶을 위한 훈련이었다. 애굽에서 몸에 뱄던 노예 신분과 근성을 씻어버리고 믿음으로 하나님의 약속을 바라보며 소망하는 훈련이다. 광야를 정복하는 전략은 다음과 같다. 이제부터 광야에서의 영적 싸움을 승리로 이끄는 믿음의 전략을 여덟 가지로 나누어 살펴본다.

하나, 광야에 있다면 하나님 은혜로 새로운 정체성을 얻었음을 확신하라

하나님의 전적인 은혜로 홍해를 건너 광야에 들어선 것은 노예가 아닌 하나님의 자녀라는 신분을 획득한 것이다. 더는 세상에 속한 사람이 아니라 시민권이 하늘에 있음을 아는 자가 되었다. 이제는 육신의 눈에 보이는 이 세상이 전부가 아니라 믿음의 눈으로만 볼 수 있는 저세상도 있음을 확신하게 된다. 그리하여 인생의 궁극적 목적이 이 세상에서의 만족과 성공이 아니라 영원한 천국을 소망하며 하나님의 영광을 위한 삶으로 바뀐다.

하나님의 자녀가 되었음을 확신하기에 하나님과의 관계성이 삶의 기초가 된다. 삶의 주인이 내가 아니라 하나님이심을 인정한다. 이것이 하나님의 주권(lordship)을 인정하는 삶이다. 하나님의 주권은 머리로 동의하는 것이 아니라 삶의 훈련을 통해서 인정할 수 있게 된다. 내 삶에 일어나는 모든 일은 고난과 실패 등을 포함하여 하나님이 허락하신 것임을 믿고 받아들인다. 환경 변화에 상관없이 하나님의 섭리를 믿고 따르고 순종한다.

나의 판단과 결정보다는 하나님의 뜻과 섭리가 항상 우선이어야 한다. 내 삶이 내 실력과 노력이 아니라 하나님 손에 달렸음을 알고 하나님께 맡기는 믿음의 삶을 산다. 하나님 자녀로서의 신분이 하나님의 시간 속에서 광야의 삶을 통해 구현된다는 것을 깨닫는다. 왕 같은 제사장, 거룩한 백성이 되는 것은 일순간의 사건이 아니라 세월의 흐름 속에서 맺어지는 열매임을 안다.

민수기 13장 25-33절에는 하나님의 약속인 가나안 땅 입성을 앞두고 열두 명의 정탐꾼이 가나안땅을 정탐하고 돌아오는 이야기가 나온다. 여호수아와 갈렙을 제외한 열 명의 정탐꾼은 이구동성으로 가나안 입성을 반대했다. 가나안 주민들은 거인이고 자기들은 메뚜기 같다는 이유에서였다. 자기들보다 강한 민족이니 가나안의 견고한 성읍을 치지 못할 것이라고 말한다.

건강한 정체성을 상실하면 부정적인 정체성이 반드시 그 자리를 대신한다. 정체성은 인생의 내일을 향해 나아가게 하는 엔진이기 때문에 부정적 정체성이 자리를 잡으면 미래는 암울할 수밖에 없다. 하나님의 약속에 대한 소망을 잃어버리면 눈앞에 나타나는 성취 목표가 극복할 수 없는 장애물로 바뀐다. 소망을 잃어버렸다는 것은 하나님 자녀로서의 정체성도 상실했다는 뜻이다.

둘, 광야에서의 배고픔과 목마름은 믿음의 기본 훈련이다

믿음 훈련은 먹고 마시는 인간의 기본 욕구에서부터 시작된다. 먹지 못해 힘들고 물이 없어 목이 타들어간다면, 지금 믿음의 훈련이 이루어지고 있음을 깨달아야 한다. 내 삶의 주권 중에 몸의 기본 욕구부터 주님께 맡기는 훈련이 진행되고 있다. 이처럼 몸의 욕구를 믿음의 시각에서 바라보고 대하는 것이 영성의 토대다. 몸은 영과 함께 존재하며 영에 영향을 미친다. 먹고 마시는 행위는 내 믿음의 자세와 밀접하게 관련되어 있기 때문이다. 돈이 있어야 먹고 마실 수 있으며, 경제적 능력에 따라 먹고 마시는 수준이 다르고, 먹고 마시는 삶은 어떤 사람을 만나고 어떤 옷을 입으며 어디서 만나는가 등 삶 전체와 밀접하게 연결되어 있다.

그러므로 우리는 먹는 것을 절제하고 만나를 내려주시는 하나님을 기대하며 매일 만나를 받아먹는 훈련의 삶을 살아야 한다. 먹는 훈련은 삶을 단순하고 순결하게 만든다. 먹든지 마시든지 무엇을 하든지 하나님의 영광을 위해서 해야 한다.

우리는 식사를 할 때마다 기도하며 육신의 욕구를 위한 물질을 공급해주시는 분이 하나님이심을 믿고 감사한다. 신앙 훈련이 깊은 영적 성찰을 요구하는 것은 맞지만 그렇다고 몸의 문제와 분리되지는 않는다. 신앙 훈련은 배고픔, 피곤함, 추위와 더위 등에 대한 몸의 반응에서부터 시작한다. 먹는 것을 통한 훈련이 영적 훈련의 기초다.

셋, 고난이 닥치면 약속의 땅을 꿈꾸는 소망을 키우고 훈련하라

먹지 못하고 마시지 못하는 육신의 고난은 미래를 향한 소망을 키우기 위함이다. 고난은 영적이고 초월적인 것을 바라보고 소망하는 훈련이 된다. 광야는 눈앞의 욕구를 넘어 가나안을 꿈꿔야 하는 곳이다. 기본이 결핍된 곳에서 먼저 그의 나라의 그의 의를 구하라는 요구를 따르는 훈련을 받는다.

모세가 기도하기 위해 시내 산에 올라갔을 때 이스라엘 백성이 하나님의 약속을 망각하고 우상숭배에 빠졌다. 그때 하나님께서는 조상들에게 약속했던 가나안 땅으로 가라고 다시 말씀하신다. 그리고 이스라엘 백성과 다시 언약을 세우면서 가나안에 들어가서 우상숭배를 조심하라고 경고하신다. 미래를 기대하고 미래를 대비해야 한다는 의미다.

미래를 꿈꾸며 준비하는 일은 풍족한 가나안이 아니라 척박한 광야에서 이루어진다. 풍족하면 미래를 보지 못하고 현실에 안주하기 때문이다. 꿈과 비전의 씨앗이 자라는 토양은 풍족한 삶의 환경이 아니라 척박한 환경이다. 실제로 꿈을 이룬 사람들을 보면 대부분 열악한 삶의 상황 속에서 꿈을 키우고 비전을 품었다.

넷, 광야에서의 승리는 하나님을 의지하는 기도에 달려 있다

출애굽기 17장에는 이스라엘이 광야에서 아말렉과 하는 전투 이야기가 나온다. 백성들이 나아가 열심히 싸웠지만, 모세가 손을 들고 기도할 때는 이기고 힘들어서 손을 내리고 기도하지 못할 때는 패배했다. 전쟁의 승패가 창과 칼로 결정되는 것이 아니라 하나님의 주권에 달려 있음을 의미한다. 이 세상을 살아가는 것은 영적 전쟁이다. 적을 물리치지 않으면 내가 당한다. 삶의 매 순간이 생명을 건 전쟁이다. 따라서 광야 같은 삶의 순간마다 하나님께 전적으로 맡기고 기도하는 것이 해결 책임을 배운다.

기도는 삶의 주권이 하나님께 있음을 인정하는 최고의 고백이다. 나는 할 수 없고 하나님이 하실 수 있다는 고백이다. 주권을 인정하는 것은 기본적으로 삶의 자세를 바꾼다. 무엇을 얻고 쌓는 것이 결코 필요하지 않음을 배운다. 광야에서는 하나님께 묻고 답을 얻으며 사는 하나님과의 관계성이 삶의 영적 습관이 되어야 한다.

또한 하나님이 허락하시는 삶을 모두 감사함으로 받아들이는 기도가 함께 따라야 한다. 광야는 삶의 필수 조건이 부족한 곳이다. 늘 힘들고 고달픈 삶일 수밖에 없다. 광야 같은 상황에 있다면 불평과 원망이 자연스럽게 나오겠지만, 광야의 의미를 생각하고 그 삶을 감사함으로 받아들이는 믿음 훈련을 해야 한다.

다섯, 광야 속에서 거룩함을 지키는 제사 법도를 배우고 훈련하라

출애굽기 36 - 40장은 성막과 언약궤를 만드는 내용과 여러 절기의 제사 원칙과 규례 등이 나온다. 제사는 우상숭배의 죄를 범하고 혼돈 가운데 있는 이스라엘 백성에게 하나님을 제대로 섬기라고 가르쳐준 거룩함의 원리다. 거룩함이란 혼란, 유혹, 고통 가운데에서 세상을 멀리하고 하나님을 가까이하는 것이다. 하나님을 가까이하는 것도 내 방식대로 하면 안 된다. 하나님이 정하신 법도를 따라야 한다.

거룩함의 훈련은 약속의 땅 가나안에 들어가 하나님을 제대로 섬기며 살기 위한 준비다. 이 훈련의 의미를 바로 깨닫지 못하고 받아들이지 못하면 광야의 마음은 육으로 돌아선다. 애굽을 떠나 건너온 홍해로 다시 돌아가 애굽으로 향하려는 미련에 빠진다. 그 미련은 불평, 좌절, 지도자와 하나님을 향한 원망 등으로 나타난다. 광야에서 겪는 고난은 믿음을 부인하고 미혹되는 백성이 되게 하기도 한다. 하나님이 의도하신 광야 훈련의 초점이 흐려지면 훈련을 고생으로, 거룩함을 제약으로, 순종을 억압으로 경험한다.

세상에 나가서 거룩한 삶을 살기 위한 십계명이 주어졌다. 십계명은 믿음 생활의 핵심인 하나님 사랑과 이웃 사랑을 위한 지침이다. 이 지침은 광야에서 훈련받아야 할 뿐 아니라 약속의 땅 가나안에 들어가서도 지키고 살아야 할 삶의 기준이다. 우리는 가장 어려운 환경에서 최고의 삶을 요구받는다. 인간은 편안하고 풍족한 상태에서는 훈련의 의미를 깨닫지 못하고 실천하지도 못한다. 지금보다 더 낫고 거룩한 삶을 꿈꾸지도 않는다. 이것이 가나안이 아니라 광야에서 십계명이 주어진 이유다.

여섯, 광야 공동체를 통해 더불어 사는 지혜를 배우라

출애굽기 18장을 보면 백성들이 아말렉과의 전쟁 후에 자신들의 문제를 해결하기 위해 모세에게 나아온다. 노예로 살다가 광야에서 삶의 훈련을 시작한 이스라엘 백성들은 성숙한 공동체 생활을 위한 준비가 되어 있지 않았다. 그래서 하나님 자녀의 정체성을 가지고 남들과 더

불어 사는 훈련이 필요했다.

광야는 부족하고, 불편하고, 힘든 곳이다. 부족한 곳에서 여럿이 함께 살면 부딪칠 수밖에 없다. 갈등과 분쟁이 늘 존재한다. 공동체에서의 분쟁과 갈등은 공기처럼 항상 우리 주위에 존재한다. 주님 오시기 전까지는 사라지지 않는다. 따라서 갈등을 완전히 해결해서 없애는 것이 아니라 관리하고 조정하는 것이 바람직한 접근법이다.

모세는 많은 백성들의 갈등 조정 문제를 혼자 감당하고 있었다. 그러니 지칠 수밖에 없었다. 공동체 관리가 어렵고 힘들고 혼란스러울 때는 조직을 만들고 지도자를 세워 전체 공동체를 돌볼 수 있어야 한다. 때마침 장인 이드로의 도움으로 천부장, 백부장, 오십부장, 그리고 십부장을 세워 문제를 제도적으로 해결하기 시작했다.

인생은 광야다. 인생은 문제와 함께 사는 과정이다. 문제를 대하는 태도부터 바뀌어야 한다. 문제가 발생하면 불평할 것이 아니라 각자의 내면을 단단하게 하고 공동체 전체가 거룩해지기 위한 훈련이라고 생각해야 한다. 내가 광야에 산다는 사실을 명심하면 그 문제로부터 적절한 거리를 두고 해결하는 지혜가 생기고, 내 유익을 포기하거나 양보하는 마음의 여유도 갖게 된다.

광야는 공동체를 이끌어가는 구체적 방법과 지혜를 배우면서 리더십을 훈련하는 기회의 장이다. 지도자는 백성을 다스리기 위해 조직을 만들고 사람을 세워야 한다. 민수기 13장에 보면 광야를 진군하면서 각 지파에게 임무가 주어진다. 각 지파의 대표를 뽑아 가나안에 정탐꾼을 보내는 이야기도 나온다. 조직적인 접근이다. 이스라엘 백성이 가나안에 들어가는 최종 임무를 앞에 두고 공동체 전체를 위한 의견을 모으기 위한 택한 방법이다.

일곱, 힘들 때 애굽으로 다시 돌아가려는 옛 성품을 다스리라

이스라엘 백성이 애굽을 떠나 홍해를 건너 광야에 들어왔지만 마음과 삶의 습관은 여전히 애굽에서의 노예 상태였다. 목이 마르고 배고플 때마다 애굽으로 돌아가자는 타령을 한다. 이스라엘 백성의 영적 정체성은 바뀌었지만, 내면의 성품과 삶의 방향성은 아직 약속의 백성으로서 온전하게 형성되지 않았기 때문이다. 삶의 자세나 습관은 여전히 애굽 사람이었다. 그들의 감각과 욕구는 애굽에 밀착되어 있다. 과거 애굽에서 누리던 삶의 편리함과 몸의 배부름에 익숙해 있다. 광야에서의 훈련과 고난의 의미를 생각하거나 받아들일 준비가 되지 않았다.

애굽으로 돌아가려던 때는 늘 배고픔과 목마름의 순간이었으며 그때마다 원망과 불평의 모습을 보였다. 광야는 삶의 기본이 부족한 곳이기 때문에 항상 육신의 욕구가 작동한다. 출애굽기 15장에는 마라의 쓴물 때문에 모세를 원망하는 이야기가 나온다. 출애굽기 16장에서는 배고픔과 배부르게 먹고 싶은 욕구를 채우지 못하자 애굽의 고기 가마를 떠올리며 불평한다. 출애굽기 17장에도 물이 없어 불평하고 다툰다.

우리가 이 세상을 살면서 늘 육신의 부족함과 물질의 결핍으로 불평과 원망 가운데 살아간다면 예수를 믿어도 여전히 광야에 살고 있는 것이다. 그럴수록 더욱 우리는 하나님이 목적을 가지고 우리를 광야에 보내셨다는 사실을 항상 명심해야 한다.

광야는 세상을 제대로 벗어나지 못한 우리가 영적으로 서 있어야 할 자리다. 곧 지나갈 장소지만 지금은 거기에 서 있어야 할 이유가 있다. 우리가 원하는 삶을 만들어내는 사람이 되기 위해 그 자리에서 배워야 할 것들을 배워야 하기 때문이다. 이것이 광야에서 살면서 우리가 가져야 할 마음이다.

여덟, 광야에서 우상숭배의 죄악을 범하지 말라

광야는 만인의, 만인을 위한 투쟁이 진행되는 곳이다. 감사할 줄 모르는 인간은 아무리 많이 가지고 있어도 부족함을 느낀다. 사람이 모이는 곳에는 늘 욕심으로 인한 시기, 질투, 경쟁 등이 있다. 공동체에서 갈등과 문제가 발생하는 이유가 바로 이런 욕심이다.

교회 공동체도 이런 죄에서 자유롭지 못하다. 구원받은 백성으로서의 정체성 확신과 감사 고백을 잊어버리기 때문이다. 초대교회 때부터 그랬다. 구제 문제를 두고 히브리파 헬라파의 갈등이 있었다. 고린도교회는 바울파, 베드로파, 아볼로파, 그리고 예수파로 갈라져 있었다. 교회가 갈등의 공동체였다는 것을 알 수 있다. 교회 갈등이 성장과 성숙의 과정이기도 하다. 어쨌든 공동체 갈등을 해결하는 근본적인 방법은 예수의 십자가에 근거한 성도의 정체성을 다시 확인하는 것이다.

현실의 삶에서 피할 수 없는 물질의 부족과 육신의 고통으로 인한 갈등은 우리 인생에 항상 잠재해 있다. 지도자가 없을 때 광야의 인간은 하나님을 기다리지 못하고 하나님이 아닌 다른 것을 찾는다. 모세가 시내 산에 기도하러 올라갔을 때 백성은 자신들의 기대보다 늦게 내려오는 모세를 기다리지 못하고 우상을 만들었다. 하나님의 권위를 대신하는 지도자가 없다고 생각할 때 문제를 해결하지 못하면 백성은 불안해지기 때문이다.

모세가 시내 산에 십계명을 받으러 올라갔을 때 모세를 기다리다 못해 불평하던 백성들은 금송아지를 만들어달라고 아론에게 요구한다. 하나님 백성으로서의 거룩한 정체성을 잃어버리고 먹고 사는 것에만 급급해 노예처럼 살아가는 모습이다. 그들에게 하나님이 더는 필요하지 않았다.

십계명은 무엇을 해야 하고 하지 말아야 하는지를 알려주고 잘못했을 때 회개하게 한다. 회개에 해당하는 헬라어 '메타노이아'는 '유턴을 하다'라는 뜻이다. 돌아서는 것이다. 세상을 향해 가다가 하나님 쪽으로 완전히 돌아서는 것이다. 광야에서는 삶의 목표와 가치의 전환이 이루어져야 한다. 내 존재 즉 정체성의 전환으로 시작된 영적 삶이 구체적인 삶의 현장까지 확장되어야 한다. 광야 훈련은 삶의 궁극적 방향이 세상에서 하나님으로, 노예에서 하나님 자녀로, 물질에서 영으로, 이 세상에서 저세상으로 바뀔 때 완성을 향해 나아간다.

마음의 가나안

젖과 꿀이 흐르는 가나안 땅은 하나님께서 약속하신 땅이다.
그 땅에서 하나님 약속을 풍성하게 누리면서 하나님을 잊어버리고
바알 신을 숭배하려는 유혹을 받는다.

가나안의 성경적 배경

하나님께서 여호수아를 지도자로 세워 이스라엘 백성이 요단 강을 건너게 하신다. 가나안 주민들과의 전쟁을 통해 가나안 땅을 정복해간다. 무기가 아닌 하나님 찬양을 통해 여리고 성을 정복한다. 그러다 아이 성의 전투에서는 아간의 범죄로 대패하고 만다. 이후에 전쟁을 계속하며 하나님의 뜻대로 모든 성을 정복하고 열두 지파에게 분배한다.

가나안 땅을 주시겠다던 하나님의 약속이 이루어졌다. 하지만 하나님의 약속 성취가 단순히 지리적 이동을 뜻하는 것이 아니다. 약속에 땅에 들어가서 목숨을 걸고 전쟁을 하여 그 땅을 정복해가는 임무를 수행함으로 누리는 복이다. 그런데 이스라엘 백성들은 가나안 정복 전쟁을 해나가면서 모두 진멸하라는 하나님의 명령을 온전히 지키지 못했

다. 가나안 정복 과정에서 가나안 주민들과 타협하고 그 땅의 바알 신을 숭배하기 시작하며 하나님을 온전히 섬기지 못했다. 젖과 꿀이 흐르는 가나안 땅에서 풍요를 누리고 거룩함을 잃지 않으려면 어떻게 해야 할까.

'마음의 가나안'에서 승리하는 다섯 가지 믿음의 전략

이제부터 가나안에서의 영적 싸움을 승리로 이끄는 믿음의 전략을 다섯 가지로 나누어 살펴본다.

하나, 하나님의 약속을 도전적인 믿음의 자세로 성취하고 누리라

하나님이 약속하신 것은 하나님이 보장하신다는 뜻이다. 여호수아 1장에는 요단 강을 건너기 전부터 "그 땅으로 가라"(2절), "너희에게 주었노니"(3절), "너희의 영토가 되리라"(4절), "차지하게 하리라"(6절) 등 확정과 승인의 표현들이 연이어 나온다. 이스라엘 백성이 가나안 땅을 모두 정복한 후에는 "여호와께서 이스라엘 족속에게 말씀하신 선한 말씀이 하나도 남음이 없이 다 응하였더라"(수 21:45)라고 한다. 이처럼 가나안 정복의 모든 과정은 하나님의 약속된 말씀이 선포되고 이루어지는 과정이다.

하나님께서 믿음의 조상 아브라함에게 하신 약속은 전쟁을 통한 정복 과정을 거쳐 이루어진다. 이 정복은 창세기 1장에서 하나님께서 인간에게 '생육하고 번성하여 땅에 충만하라, 땅을 정복하고 다스리라'라고 말씀하신 하나님의 문화명령과 맥락이 통한다.

전쟁을 통한 점령은 "내(하나님)가 그들을 네 앞에서 조금씩 좇아내리라"라고 말한 것처럼 빼앗는 것이다. 이것은 점잖은 사회적 예절을 가장한 대화나 친절한 타협이 아닌 전쟁이다. 하나님은 이스라엘 백성과 또 이방인들에게 애매한 존재가 아니다. 그 하나님을 믿는 것은 세상과 분명한 선을 긋는 일이며, 그 선은 목숨을 걸고 확보해야 하는 선이다.

여호수아는 요단 강을 건너려는 이스라엘 백성에게 "너희에게 주시리라 하였나니 너희는 그 말을 기억하라"(수 1:13)라고 상기시킨다. 약속을 기억하는 것이 가나안을 사는 사람들의 기본 마음 자세다. 이스라엘 백성이 여리고 성을 점령할 때 하나님께서 여호수아에게 "내가 여리고와 그 왕과 용사들을 네 손에 넘겨주었으니"라고 말씀하신다. 여리고를 눈앞에 두고 약속을 다시 확인해주신 것이다.

둘, 하나님의 약속을 구현하려면 전략을 세우라

가나안에서 하나님 약속을 성취하기 위해서는 전략이 필요하다. 여호수아서 전체에 걸쳐 전략이 나타난다. 1장에서 요단 강을 건널 때 지파별로 건너는 전략을 지시한다. 2장에서는 정탐꾼을 먼저 보내는 전략, 3장에서는 언약궤를 메고 나가는 방법과 임무를 구체적으로 명령

하는 전략이다. 6장에 나오는 여리고 전투에서는 성을 정복하는 전략이 등장한다. 8장에서 아이 성과의 전투에서도 매복과 같은 치밀한 군사 전략이 나온다. 잠언은 "너는 전략으로 싸우라 승리는 지략이 많음에 있느니라"(잠 24:6)라고 말씀한다. 하나님 약속을 성취하고자 하는 사람은 마음으로 자기의 길을 계획하는 것이 필요하다.

여리고 성을 정복하는 전쟁의 전략은 인간의 방법이 아닌 하나님의 방법이었다. 매일 나팔을 불며 6일 동안 성 주위를 돌았다. 그리고 일곱째 날에는 일곱 번을 돌고 나서 나팔을 불며 큰 소리로 외쳤다. 그러자 여리고 성이 무너졌다. 하나님이 원하시는 가나안에서의 삶은 인간의 지식과 힘을 이용하는 전략이 아니라 하나님을 신뢰하는 믿음으로 싸우는 전략이다. 전략을 세울 때 우선해야 할 것은 하나님의 약속을 철저하게 믿는 믿음으로 임하는 것이다. 약속은 믿음을 요구하기 때문이다.

21세기 현대 사회는 국경이 없는 전쟁, 경제와 문화 전쟁이 일어나고 있다. 웃고 노래하며 악수하고 인사하는 중에서도 치열한 정복과 지배의 관계가 만들어진다. 오늘의 세상이 마치 가나안 땅과 같다. 전략이 없으면 정복을 당한다. 나인 투 파이브의 축복을 누리기 원한다면 인생 전략을 세워야 한다. 세상의 지식을 익히고 세상을 경험하는 전략이 필요하다. 거룩함을 지키는 영적 전략도 갖추어야 한다. 전략은 치열한 경쟁이 난무하는 이 세상에서 승리를 보장해준다.

셋, 하나님의 약속을 누리려면 거룩함을 지키라

가나안 땅에서 하나님의 약속대로 젖과 꿀의 열매를 계속 누리려면 반드시 거룩함을 지켜내야 한다. 하나님은 그 거룩함을 위해 이스라엘 백성에게 가나안을 정복하며 거주민들을 진멸하라고 말씀하셨다. 실제로 이스라엘 백성은 기브온 족속 이외에 이방 민족들을 용서하거나 타협하지 않았다. 거룩함을 지키지 못하면 우상숭배로 이어지기 때문이다.

이스라엘 백성은 아이 성과의 1차 전쟁에서 대패했다. 아간이 전쟁 노획물을 훔친 범죄 때문이었다. 하나님께서는 한 사람의 죄도 묵과하지 않고 이스라엘 백성 공동체에 책임을 물으셨다. 한 사람의 범죄는 공동체 전체에 영향을 미치기 때문이다.

나인 투 파이브의 시간에 지켜야 할 거룩함을 살펴보라. 성도는 개인의 도덕과 윤리에서 세상 사람보다 앞서야 한다. 그 시간에는 아간처럼 불의한 이익을 취하고 싶은 유혹이 많다. 그럴 때마다 단호하게 거부해야 한다. 남의 불법에 눈감는 것도 공동체의 거룩함을 해치는 일이다. 거룩함을 지키려면 무엇보다도 내가 속한 공동체에서 내가 하나님의 사람임을 분명하게 밝혀야 한다. 구별된 존재임을 선언하는 것은 구별된 행동을 지키게 해준다.

넷, 자신이 속한 공동체를 위해 나눔의 삶을 살라

이스라엘 백성은 가나안의 모든 이방 민족을 무찌르고 땅을 차지한 후 기업을 나누고 전쟁을 마감한다. 그 치열한 전쟁을 마친 것에 대해 성경은 이렇게 말한다.

> 이와 같이 여호수아가 여호와께서 모세에게 말씀하신 대로 그 온 땅을 점령하여 이스라엘 지파의 구분에 따라 기업으로 주매 그 땅에 전쟁이 그쳤더라(수 11:23).

전쟁의 마침은 가나안 주민을 정복하는 데에서 끝나는 것이 아니라 정복한 땅을 지파에게 골고루 나누어주는 것임을 알 수 있다. 가나안 땅 정복의 궁극적인 목적이 건강하고 공평한 공동체 수립이었음을 말해준다.

여호수아 12장부터는 전쟁을 통해 정복한 땅을 열두 지파에게 분배하는 내용이 나온다. 정복한 땅을 공동체 전체에 배분해야 비로소 젖과 꿀이 흐르는 땅이 된다. 젖과 꿀이 흐르는 땅이 되는 마지막 조건은 공동체 구성원끼리의 협력과 평화다. 이는 공동체에서 자기를 우선하려는 인간의 이기적 욕구를 조절하는 것이다. 법과 강제를 통한 조절이 아니라 나눔의 삶을 통해 스스로 조절할 때 공동체의 공평과 정의가 이루어진다. 신앙 공동체의 공평과 정의는 법에 따라서가 아니라 하나님의 명령을 따르는 영적 신뢰와 순종의 덕목을 토대로 이루어진다.

다섯, 가나안에서는 노력의 기회와 함께 대가가 보장되어 있음을 확신하라

가나안과 광야에는 결정적인 차이가 있다. 광야에서는 내가 할 수 있는 일이 없다. 모든 것은 전적인 하나님의 은혜로만 가능하다. 불기둥, 구름기둥, 만나, 메추라기, 반석의 물 등은 오로지 하나님의 능력으로만 가능한 것들이다. 따라서 광야에서는 내 능력으로 노력하는 것이 중요하지 않다. 하나님의 절대적인 주권을 인정하고 순종하며 따르는 것이 절대적으로 우선이다.

반면에 가나안에서는 전쟁을 통해 땅의 정복이 이루어진다. 젖과 꿀이 흐르는 약속의 땅은, 내가 아무것도 하지 않고 완성된 것을 그냥 앉아서 받아서 누리는 곳이 아니다. 나의 꿈을 이루기 위해 내가 노력할 기회가 주어지고, 그래서 땀을 흘리는 책임도 주어졌다. 그 기회를 헛되이 하지 않고 성실하게 책임을 감당할 때 열매를 얻을 수 있다는 의미다.

때로는 이 세상에서 기회조차 주어지지 않거나 자기가 노력한 대가조차 정당하게 받지 못하는 불공정이 판치기도 한다. 금수저로 태어나 아무런 노력을 하지 않고도 많은 것을 누리는 사람들이 득세하는 곳이기도 하다. 21세기 한국 사회에서 보이는 청년들의 취업난은 노력의 기회도 주어지지 않고 수고의 대가도 보장되지 않는 현실을 시사한다. 그럼에도 불구하고 하나님이 주신 비전과 꿈을 이루기를 소망하며 작은 기회라도 주어졌다고 믿고 받아들이고 노력을 멈추지 않는다면, 그는 지금 약속의 가나안 땅을 정복해가는 영적 싸움을 하고 있는 것이다. 지금 가나안에 있다면 내가 수고하고 노력한 대가가 반드시 주어질 것을 믿고 나아가야 한다.

예수님의 달란트 비유는, 하나님의 복은 항상 우리의 땀과 수고를 동반한다는 걸 말해준다. 주인이 타국으로 떠나면서 나누어준 1달란트를 받아 그대로 땅에 묻어두었던 하인은 그것마저도 빼앗겼다. 하지만 2달란트와 5달란트를 받아 수고하고 애써서 각각 2달란트와 5달란트를 남긴 하인들은 "잘하였도다 착하고 충성된 종아 네가 적은 일에 충성하였으매 내가 많은 것을 네게 맡기리니 네 주인의 즐거움에 참여할지어다"(마 25:21)라는 칭찬을 들었다. 이처럼 자기가 가진 재능과 능력을 가지고 땀을 흘리고 열심히 살아가면 복을 받는 곳이 가나안 땅이다.

여섯, 약속을 마음에 품고 기회가 다가오면 지체하지 말라

이스라엘 백성이 가나안 땅을 정복해가던 중 일곱 지파가 정복할 땅을 눈앞에 두고 주저하고 망설였다. 그러자 여호수아가 그 일곱 지파를 책망한다.

너희가 너희 조상의 하나님 여호와께서 너희에게 주신 땅을 점령하러 가기를 어느 때까지 지체하겠느냐 너희는 각 지파에 세 사람씩 선정하라 내가 그들을 보내리니 그들은 일어나서 그 땅에 두루 다니며 그들의 기업에 따라 그 땅을 그려가지고 내게로 돌아올 것이라(수 18:3-4).

'어느 때까지 지체하겠느냐'라는 표현을 보면 일곱 지파가 꽤나 긴 시간을 지체한 것 같다. 성경은 지체한 이유를 구체적으로 말하지 않는다. 각 지파에서 나설 만한 마땅한 지도자가 없었거나 정복 준비나 전략이 없었을지도 모른다. 아니면 전쟁에 대한 두려움, 게으름, 혹은 불신 등의 이유였을 수도 있다. 이유가 무엇이든 하나님 약속을 앞에 두고 그 약속을 이루려고 하지 않는 것은 불신의 죄다. 정복하는 것은 다른 누구도 아닌 자신의 책임이다. 하나님께서 주겠다고 말씀하신 약속에 대한 믿음을 확인하고, 주저하거나 갈등하지 말고 행동에 옮겨야 한다.

젖과 꿀이 흐르는 가나안 땅은 가만히 앉아서 받아 누리는 복이 아니다. 약속의 땅은 스스로 자신들의 노력과 땀을 흘리는 수고가 있어야 하는 땅이다. 요단 강을 건너기 전 하나님께서는 여호수아에게 약속한 땅을 이미 주었다고 선언하면서 강하고 담대하라는 권면을 덧붙이셨다. 이는 가나안 땅의 정복은 스스로의 결단과 행동이 따라야 하는 일이었기 때문이다.

일곱, 승리와 풍요를 누릴 때 욕심을 조심하라

하나님의 약속을 믿고 성취해가는 과정에서 하나님의 명령을 어기고 욕심을 부리는 것은 큰 죄다. 타락한 인간은 언제든지 죄를 범할 수 있는 존재다. 아간의 범죄는 인간이 성공했거나 풍족한 상황에서 죄의 유혹을 받고 얼마든지 범죄를 저지를 수 있다는 것을 말해준다.

하나님께서 아간의 범죄를 엄중하게 다스린 이유는 죄의 전염성 때문이다. 뱀의 유혹을 받은 하와가 선악과를 먹었을 뿐만 아니라 자기 남편인 아담도 먹게 한 것 역시 죄가 전염성이 있음을 말해준다. 아간의 범죄는 주위의 다른 사람들에게도 욕심을 품게 하고 공동체를 파괴할 수 있다. 하나님께서는 아간과 그의 가족까지 돌로 쳐 죽이고 모든 재산을 불사르게 함으로 죄의 전염성을 엄중하게 다스렸다.

세상을 살면서 받는 유혹은 대부분 아간처럼 일이 잘 풀리고 하나님의 복을 경험하는 풍족한 상황에서 일어난다. 가나안을 정복해가는 이스라엘 백성처럼 내가 풍족한 삶을 누리고 성공의 길을 가고 있다면 어느 순간에 아간처럼 욕심을 부릴 수 있다. 그러므로 내 안의 그 욕심을 항상 살피고 경계해야 한다.

가나안 지역은 해안가를 따라서 상업 국가들이 형성되었다. 역사적으로 고대 이집트, 메소포타미아, 히타이트, 미노아 문명 사이에서 중개자의 위치로 자리를 잡으면서 상업적인 번영을 누렸다. 하지만 그 번영 속에서 각 나라의 이방 종교와 이방 신을 많이 접하며 우상숭배의 유혹이 많았다. 하나님께서 여호수아에게 한 '좌로나 우로나 치우치지 말라'는 권면은, 발달한 문화 속에서 살면서 하나님의 복을 누리되 그 문화 속에 숨어 있는 이방 신이나 우상까지 받아들여서는 안 된다는 점을 분명하게 경고한 말씀이었다.

여덟, 하나님은 지도자를 통해 약속과 뜻을 전달하신다

하나님은 자신의 약속을 공동체에 이루어가기 위해 지도자를 세우신다. 출애굽을 위해 모세를 세우셨고, 가나안 땅에 들어가 그곳을 정복하게 하시려고 여호수아를 세우셨다. 공동체에는 하나님의 뜻을 온전하게 전달할 지도자가 준비되어 있다. 준비된 지도자를 통해 공동체에 하나님의 권위가 세워지고 하나님의 뜻이 이루어진다.

지도자는 하나님의 음성을 듣는 사람이어야 한다. 그에게는 음성을 듣고 하나님의 뜻을 공동체에 전할 책임이 있다. 공동체 구성원은 하나님 복을 누리면서 믿음도 성숙해져야 한다. 특히 축복의 땅 가나안에 들어와 부요함을 누릴 때 믿음이 변질되고 하나님을 떠날 수 있기 때문이다.

이스라엘 백성이 40년 세월의 광야 생활을 마치고 가나안 땅에 들어가기 전에 모세가 모압에서 이스라엘 백성을 모아놓고 간곡하게 하나님 뜻을 전한다. 약속의 땅에 들어가면 광야에서 불기둥과 구름기둥으로 인도하던 하나님을 기억하라는 부탁이다.

지도자가 하나님의 음성을 듣는 사람이긴 하지만 매번 그 음성을 직접 전하는 것은 공동체 지속을 위해 적절한 방법이 아니다. 구성원들이 자율적으로 믿음의 삶을 성숙하게 살도록 하는 장치를 마련해야 한다. 그 장치는 바로 구성원이 함께 공동체를 세워가도록 법과 기준을 마련하는 것이다. 공동체 구성원을 위해 공평과 정의 그리고 생명 등의 기본 가치를 구현하는 법과 제도를 세워 그렇게 살도록 해야 한다. 그리고 공동체 구성원은 자신들에게 법을 지킬 의무와 책임이 주어졌음을 명심해야 한다.

생활수도사로 사는 하루의 기적

마음의 예루살렘

예루살렘은 하나님을 경외하는 자가 진정한 신앙고백을 하는
자리지만, 바리새인처럼 율법적인 신앙의 모습으로 살아가는
곳이기도 하다.

예루살렘의 역사

예루살렘은 약속의 땅에서 으뜸이 되는 도시로서 유대인에게는
가장 거룩한 기억의 보고이자 종교적인 경외심과 민족의식의 원천이다.
기독교인에게는 구원자 예수 그리스도의 고통과 승리의 현장이다. 예수
님께서 직접 인간으로 오셨으나 이스라엘 백성은 메시아를 거부하고 십
자가에 못 박음으로 죄의 잔을 채웠다. 그 결과 이스라엘 백성은 자기
조상들의 땅을 떠나 유리하는 민족이 되었다.

예루살렘은 BC 3000년경 도시가 형성되었는데, 그 이름의 뜻은
'평화의 터전'이다. 오랜 역사의 흐름 속에서 유대교, 기독교, 그리고 이
슬람교의 도시로 변했다. 예루살렘은 고원지대인 북쪽을 제외하고는 세
개의 골짜기로 둘러싸여 있기 때문에 물을 공급하는 것이 항상 문제가

되었다.

다윗은 예루살렘 성읍을 위해 왕궁을 세우고 언약궤를 두었다. 르호보암 통치 5년 후에 성전과 왕궁이 애굽에 의해 파괴되었다(왕상 14:25). 그 후 예루살렘은 바빌론, 페르시아, 마케도니아, 로마 등 주위 강대국들에게 계속 정복당했다. 페르시아에게 정복된 후 BC 5세기경 느헤미야가 무너진 예루살렘 성전을 재건했고, BC 165년에는 유다의 마카비가 반란을 주도하고 성전을 봉헌했다. AD 70년 로마에게 함락되었고, AD 132년에는 이교도의 도시가 되면서 유대인이 추방되기도 했다. 로마의 황제 콘스탄틴이 통치하는 4세기 초가 돼서야 유대인들이 다시 돌아올 수 있었다. AD 638년에는 이슬람교도가 예루살렘을 정복하였다. 오늘날에도 예루살렘에는 유대교, 기독교, 그리고 이슬람교의 성전이 공존하고 있다. 이런 역사적 배경은 예루살렘이 항상 영적 혼탁함이 존재하는 곳임을 말해준다.

예루살렘의 성경적 배경

예루살렘은 영적으로 하나님이 거하시는 곳이며, 하나님을 경배하고 예배드리는 믿음의 자리를 상징한다. 예배는 신앙의 중심이기 때문에 마음의 예루살렘은 하나님을 경외하며 하나님 중심의 신앙과 삶을 의미한다. 그리고 하나님 경배하는 예배 중심의 마음이 자칫 바리새인과 같은 율법적인 신앙 행위에 빠지지 않도록 깨어 있어야 한다.

예수님은 태어나자마자 모세의 법을 따라 예루살렘에 가셨다 (눅 2:22). 유대인의 명절 때마다 빠지지 않고 예루살렘에 올라가셨고 성전에서 선생들과 말씀을 나누셨다(눅 2:41). 또한 예수님께서 사랑하셔서 수많은 선지자들을 통해 회개를 촉구했지만 회개하지 않아 눈물을 흘리신 곳이기도 하다(마 23:27). 예루살렘은 유대 종교지도자들이 사는 곳이고(막 3:22, 7:1), 예루살렘 성전에서는 불법적인 매매가 있었다(막 11:5). 예루살렘은 예수님께서 유대 종교지도자들의 손에 죽었다가 다시 살아난다고 제자들에게 알려주신 곳이다(마 16:21). 그리고 십자가에 달리기 위해 가서 잡혀 죽임을 당하신 곳이다(마 20:18; 막 10:33; 눅 9:31).

예수님이 십자가에 돌아가시자 제자들은 자기의 고향으로 돌아가려고 예루살렘을 떠났다(눅 24:13). 그럼에도 불구하고 죄 사함의 회개가 시작되어 온 땅에 퍼져나간 장소였다(눅 24:47). 예루살렘은 성령을 받기 위해 떠나지 말아야 할 장소이며(행 1:4), 120명의 성도가 모여 기도할 때 성령이 강하게 임했던 마가의 다락방이 있는 곳이기도 하다(행 2:1-5). 베드로가 설교할 때 3천 명이 회개하고 예수님 말씀대로 복음의 전파가 시작된 곳도 예루살렘이다(행 1:8, 9:13). 그리고 복음의 전파에 대해 박해가 시작된 곳 역시 예루살렘이다(행 8:1).

예루살렘에서는 베드로가 이방인의 할례 때문에 할례자들로부터 비난을 받았고(행 11:2), 사도들이 핍박을 받았다(행 21:4-26:20). 예루살렘 공의회가 열려 여러 교회에 나타난 문제들을 의논하고 결정한 곳이며, 모든 신앙 활동의 중심이자 교회 사역에서 보고, 회의, 결정 등이 이루어진 곳이다(행 15:1). 요한계시록에는 영적 예루살렘이 등장한다. 하늘의 예루살렘은 하나님이 거하시는 곳이다(히 12:22). 거룩한 성 새 예루살렘은 우리가 거할 영원한 처소이기도 하다(계 21:1).

'마음의 예루살렘'에서 승리하는 두 가지 믿음의 전략

이렇게 중요한 마음의 예루살렘에서 승리하려면 어떻게 해야 할까. 이제부터 예루살렘에서의 영적 싸움을 승리로 이끄는 믿음의 전략을 두 가지로 나누어 살펴본다.

하나, 하나님께 집중하고 경배하라

마음의 예루살렘은 하나님께서 계신 곳이고 우리가 항상 예배하며 경배하는 곳이다. 하나님과 나 사이에 절대적인 은혜와 온전한 순종이 만나는 곳이다. 그 만남이 실제 이루어지는 자리는 우리 신앙생활의 중심인 예배다. 예배를 통해서 우리 신앙의 중심축이 하나님이라는 사실을 확인한다. 따라서 마음의 예루살렘을 정복하고 내가 하나님께 초점을 맞추어 마음과 뜻과 정성을 다해 예배를 드려야 한다.

예루살렘의 역사에서 보았듯이, 예루살렘은 아이러니하게도 이방인들과 이방 종교가 함께 득세하는 곳이다. 마음의 예루살렘 역시 항상 영적 혼란과 전쟁이 일어나고 있는 곳임을 짐작하게 해준다. 우리 마음의 예루살렘을 침범해서 우리 믿음에 혼란을 일으키는 세상의 유혹이 많다. 하나님이 유일한 경배 대상이 아니라며 하나님을 끌어내린다. 그러나 우리는 질투하는 하나님이심을 분명히 기억하고 마음의 예루살렘을 지켜야 한다.

예루살렘에서 예수님의 죽음이 일어났고, 다시 사심으로 구원을 완성하셨다. 우리 마음의 예루살렘에는 죽음과 부활을 통한 신앙의 결론이 있다. 죄에 대한 죽음과 부활의 생명 모두를 우리 마음에 담고 세상을 살아간다. 특히 요한계시록은 우리가 영원히 거할 새 예루살렘을 언급한다. 우리는 그 영원한 처소에 대한 소망을 마음에 품고 살아가야 한다. 하루의 기적을 사는 예루살렘의 마음은 하나님이 그 중심에 있으며 영원한 소망을 품고 살아가는 마음이다.

둘, 하나님 마음에 초점을 맞추고 형식적 율법 지키기를 경계하라

예루살렘은 예수님을 반대하는 유대 종교지도자들이 권력의 중심에 앉아 그 권력을 지키기 위해 그 자리를 위협하는 예수님을 죽인 곳이다. 그리고 예수님을 왕으로 모시는 것이 아니라 도리어 십자가에 못 박는 세력들이 등장했다. 자신들이 가진 기득권을 지키기 위해 예수님께 등을 돌리고 예수님을 죽음으로 내모는 악한 자들은 항상 존재한다.

이처럼 내 마음의 예루살렘에도 예수님을 최고 지도자의 자리에 모시지 않고 필요에 따라 계급을 만들어 내가 최고의 자리, 예수님의 자리에 앉아 있는 것은 아닌지를 살펴야 한다. 주님의 뜻을 이루기 위해 필요한 자리라고 말하지만 속으로는 내 지위와 유익을 추구하는 자리는 아닌지를 솔직하게 돌아보아야 한다.

교회에서는 지도자들 사이에 경쟁과 시기가 일어나고 심지어는 권력다툼도 진행된다. 고린도 교회처럼 바울파, 베드로파, 아볼로파 등이 있다. 파벌 중에는 지대한 영향력을 발휘하는 사람이 늘 있다. 그들은 하나님을 위해서가 아니라 자신들의 유익을 위해 파벌과 영향력을 이용한다. 사도행전 6장을 보면 과부들을 구제하는 문제로 히브리파, 헬라파의 갈등이 있었다. 초대교회도 지금의 교회와 다르지 않았다. 예수님을 빙자한 힘겨루기가 이루어진다.

하나님을 섬기려는 마음의 중심에는 바리새인의 율법주의가 있다. 이런 사람이 모인 교회는 하나님을 믿고 경배하는 모임이 아니라 종교인들의 모임이다. 교회 조직을 통해 사람들의 정치적 행위가 이루어진다. 조직의 자리를 남용하고 규정을 악용하기도 한다. 악한 의도로 자신과 일부 그룹의 유익을 추구한다. 교회의 모든 조직과 규정이 사람의, 사람에 의한, 사람을 위한 운영이 아니라 하나님을 위한 운영 도구가 되어야 한다. 결정적인 순간에 주님을 높여드리고 자신의 이익을 포기하며 겸손과 낮아짐을 선택해야 한다.

마음의 갈릴리

갈릴리는 영혼 구원과 복음 전파의 마음을 가지고
세상 사람들과 어울리며 사는 장소이면서, 구원의 열정이 없이
세상 사람과 다르지 않게 살아가는 자리이기도 하다.

갈릴리의 성경적 배경

갈릴리는 '고리' 혹은 '원'이라는 뜻으로, 남과 북, 곧의 위와 아래로 나뉘어 있었다. 북쪽은 산간 지역이지만 남쪽은 비옥하고 평평한 지역이었다. 아래 갈릴리에는 400여 개의 마을이 있었는데 나사렛, 가버나움, 가나 등이 이곳에 있다. 이방인들의 갈릴리는 북쪽 갈릴리였는데 그 북쪽 경계에는 두로와 시돈 등 이방 사람들이 많이 살았다.

갈릴리 호수는 긴네렛 바다(민 34:11), 게네사렛 호수(수 12:3), 디베랴 호수(요 21:1) 등의 이름으로 불렸다. 요단 강이 북쪽에서 물이 흘러 들어와 남쪽으로 흘렀고, 사해와 다르게 염분이 없다. 그 당시 도시들은 갈릴리 둘레에 세워져 번창하였고 연속적인 주거지대를 형성하였다. 갈릴리 어업은 신약시대에 눈에 띄게 발전했으며 로마 전체에 걸쳐 유명하

였고, 풍부한 수출 교역도 이루어졌다. 오늘날에는 오직 디베랴 마을만 남아있다.

사도들과 초기 신자들 그리고 예수님이 갈릴리 출신이었다. 예수님은 서른 살까지 갈릴리에서 사셨고 공생애 기간에도 많은 시간을 갈릴리에서 보내셨다. 베드로, 안드레, 야고보, 요한이 갈릴리 어부였다. 갈릴리 사람들은 용감하고 근면했지만, 다른 유대인들은 그들을 예의가 없고 반역을 도모하는 사람이라고 경멸했다(행 2:7). 갈릴리 사람들은 예루살렘과는 구별되는 사투리를 사용했으며 '갈릴리 사람'이라는 호칭은 예수님과 제자들을 경멸하는 이름이었다.

갈릴리는 세례 요한이 붙잡혔다는 소식을 듣고 예수님이 물러가 피신하신 곳(마 4:12), 유대인들의 위협을 피해 머무신 곳(요 7:1-9)이다. 십자가에 달리시기 전에 예수님께 살아나면 제자들보다 먼저 가겠다고 말씀하신 곳이며(마 26:32), 부활 후에 만난 제자들에게 자신을 만날 수 있다고 말씀하신 곳이다.

구원 교리를 가지고 세상을 보면 예수를 믿는 사람은 천국을 가고 안 믿는 사람은 지옥에 간다. '예수 천당 불신 지옥'은 분명한 성경의 진리지만, 이 세상의 비신자들을 지옥에 갈 사람들로만 볼 것이 아니라 아직 예수를 믿지 않은 사람들로 바라보는 시각과 마음이 필요하다. 죄인인 불신자를 정죄의 시각으로 보기보다는, 하나님이 우리를 향하여 오래 참으시는 것처럼 사랑과 인내와 구원의 열정으로 바라보라는 것이다. 마음의 갈릴리는 그렇게 세상 사람들의 구원의 열정을 가지고 가는 삶과 사역의 장소다.

'마음의 갈릴리'에서 승리하는 두 가지 믿음의 전략

이제부터 갈릴리에서의 영적 싸움을 승리로 이끄는 믿음의 전략을 두 가지로 나누어 살펴본다.

하나, 복음 전파와 영혼 구원의 열정을 품으라

복음서에는 주님께서 갈릴리에 가서 하나님 나라를 전파하시는 내용이 자주 나온다. 우리 마음의 갈릴리는 복음을 들어야 할 불신자들을 향한 관심과 구원의 열정을 가지고 가는 곳이다. 우리 주위의 이웃, 친구, 직장 동료, 오며 가며 만나는 사람 중 하나님을 모르는 사람들이 많다. 심지어는 함께 사는 가족 중에도 하나님을 믿지 않는 부모나 형제가 있다. 그 사람들과 함께 살며 더불어 만날 때마다 영혼 구원의 마음을 가지고 있어야 한다.

주님께서는 갈릴리에서 많은 시간을 보내며 병든 자들을 고치셨다(마 4:23-25; 눅 4:44, 5:17). 처음으로 이적을 행하셨던 혼인잔치가 열린 가나(요 2:1)도 갈릴리 지역이었다. 고통 중에 있는 사람들이 예수를 찾고 만난 곳이기도 하다(요 4:47-54). 우리도 갈릴리에 가면 그들의 실제 필요를 채워주고 그들에게 많은 시간과 노력을 기울여야 한다.

우리가 세상 사람들과 함께 있을 때 영혼 구원을 위해 얼마나 헌신하는지를 돌아보자. 선교사역은 대부분 구제와 함께 이루어진다. 세상 사람들의 필요를 채워주며 복음을 전한다. 주님은 갈릴리에 가서 복음을 전하며 많은 사람들의 필요를 채워주셨다. 병든 자를 고치고, 배고픈 자들을 먹이셨다. 갈릴리의 마음은 그들의 필요를 채워주기 위해 내 시간과 물질을 사용하는 마음이다.

주님은 갈릴리에 나가서 창기와 세리들과 먹고 마시며 어울리셨다. 하나님 나라 복음을 전하기 위해 먼저 그들과 삶으로 소통하셨다. 하나님 나라에 대해 말씀하면서 삶으로 어울리셨다. 그들과 소통하며 이중 언어를 사용하신 것이다. 예수님을 본받아 우리도 바리새인들처럼 우리의 신학적 언어와 믿음의 용어만 가지고 대화하지 말아야 한다. 시간을 내어 주님처럼 그들과 어울리고 친구가 되는 삶을 살아야 한다. 그들을 사랑하는 마음으로 다가가고 그들의 삶과 언어로 대화할 수 있어야 한다.

주님은 갈릴리에 가실 때 성령님의 인도하심을 따르셨다(눅 4:14). 하나님 나라 확장은 하나님의 뜻이며 모든 크리스천의 목표다. 복음 전파의 의지와 열정이 중요하다. 교회가 세상을 위해 하는 모든 활동의 최종 목적은 선교다. 선교는 오직 성령의 능력을 힘입어야 가능한 일이다. 제자들은 사도행전에서 주님의 증인이 되라는 주님의 명령 후에 마가의 다락방에서 기도하면서 성령 강림을 기다렸다. 그 성령의 역사로 복음 전파는 시작되었고 사도행전은 성령 행전이 되었다.

둘, 복음의 열정 상실을 경계하라

영혼 사랑과 구원의 열정을 잃어버린 마음의 갈릴리에는 오직 자기 유익만을 위해 사는 인생이 있을 뿐이다. 이런 사람은 주일마다 교회에 가고 갈릴리에도 나가지만 구원을 받아야 할 영혼을 보지 못한다. 신앙 역시 장식품에 불과하다. 경건을 자기 유익의 재료로 삼는 이기주의적인 신앙생활을 한다. 하나님의 능력과 기적을 체험하지만 오직 나만을 위한 것으로 여기고, 교회 밖 영혼에게 필요한 은혜인 것을 미처 깨닫지 못한다.

나인 투 파이브의 기적을 살기 위해서 우리는 강한 영적 근육이 필요하다. 그 근육 단련은 우리 마음에 달려 있다. 불신앙의 세력과 세속의 힘이 난무하는 세상의 일터에서 내 마음의 애굽, 광야, 가나안, 예루살렘, 그리고 갈릴리라는 마음 성경 지도를 순간마다 살피면서 세밀하게 대응할 때 나인 투 파이브의 기적이 이루어지리라 믿는다.

4장

주제가 있는 저녁을 살라

하루의 기적을 사는 삶에는 저녁 시간이 포함된다. 하루의 마지막인 저녁 시간은 하루를 시작하는 새벽만큼 중요하다. 그런데 많은 사람에게 저녁 시간은 그냥 흘러가는 시간이다. 저녁도 새벽 시간이나 낮에 나가 일하는 시간만큼 중요하고 가치 있는 시간이라는 의식이 희미하다. 내 삶에 영적으로 명확한 저녁 주제가 없기 때문이다. 그러나 하루의 기적을 완성하는 저녁 삶에는 분명한 주제가 있다. 가족과 함께하기, 영성 일기 쓰기, 그리고 내일을 준비하기라는 세 가지 주제다.

가족과 함께하기

21세기 한국 사회는 가정당 자녀의 수가 한 명 이하로 떨어지면서 가족의 가치가 퇴색되고 있다. 사회적으로 인구 절벽의 위기에 처했고, 신앙적으로는 교회와 교인 감소의 현실로 나타나고 있다. 사회나 단체보다 개인을 중요시하는 포스트모던 문화가 역설적으로 개인을 외롭게 만든다. 그 외로움을 스마트폰이나 가정 밖에서의 다양한 문화생활로 달랜다. 이런 문화가 아빠, 엄마, 자녀, 형제 등의 가족 정체성을 약화시키고 가족 관계성과 가족 의식마저 해치고 있다. 따라서 성경적 관점에 근거한 가족의 의미와 가치를 회복하는 일이 시급하다. 그 회복의 시작은 간단하다. 가족이 저녁 시간을 함께하면 된다.

저녁 식탁의 축복

생활수도사로 사는 하루의 기적

가정에서 가족이 함께하는 최고 방법은 저녁 식사를 함께하는 것이다. 무한 경쟁과 승자독식의 시대에 가족과 함께 저녁을 먹는다는 것은 시대착오적인 헛된 소망같이 들릴 수도 있다. 하지만 가족과 저녁을 함께하는 것은 한국교회가 하나님 나라 건설의 최대 과제로 삼아야 하고 믿음의 가정 회복 운동을 벌여야 할 만큼 중대한 과제다. 매일 그렇게 하기는 어려워도 일주일에 두세 번 정도는 온 가족이 저녁 시간을 함께하는 것이 필요하다.

이왕이면 가족 구성원이 서로 돌아가며 메뉴를 짜고 음식을 준비한다면 금상첨화다. 만약 가족이 모두 직장 생활이나 사업, 장사, 학업 등으로 바쁘다면 상대적으로 그날 시간 여유가 있는 사람이 준비하면 된다. 엄마든 아빠든 자녀든 가족이 직접 만든 요리에는 누구보다 가족을 향한 애정과 생명력이 깃들어 있기 때문이다. 가족이 함께 이러한 식탁을 준비할 수만 있다면 그 가정이야말로 일상 성찬을 실천하는 것이다.

풍성한 음식과 좋은 분위기 속에서 함께하는 저녁 식탁은 영적 축제다. 매일 저녁이 축제가 되게 해야 한다. 그러면 자녀들은 잔소리하지 않아도 돌아온다. 편안한 분위기와 자연스러운 대화는 모든 가족에게 최상의 치유 시간이 되고 회복 시간이 되어준다.

저녁 식사를 할 때의 금기도 있다. 민감하거나 무거운 주제를 나누지 않는 것이다. 그 분위기를 만들고 이끌어가는 것은 가장이 감당한다. 저녁 식탁을 마련하기 위해서 부부의 하나 됨과 협력은 필수조건이다.

가족 모두가 각자 하루의 삶을 나누며 서로를 격려하고 축복하는 시간이어야 한다.

모든 가족이 함께하는 저녁 식사는 성숙한 부부 관계 정립, 건강한 자녀교육, 행복한 인생 설계를 이루는 최고의 방법이다. 그렇다고 해서 군대의 취침 점호처럼 율법적이고 경직된 시간이 되지는 말아야 한다. 서로를 있는 그대로 받아주고 격려하는 유쾌한 시간이어야 한다. 속마음을 터놓고 이야기하면서 서로 크고 작은 마음의 섭섭함을 풀 수 있는 편안한 시간이면 좋다. 서로의 삶에 관한 관심을 표현하되 지나친 간섭이나 요구가 되지 않도록 해야 한다.

사회적으로 성공한 훌륭한 지도자들 중에서도 가족과 함께하는 시간을 제대로 갖지 못해 진정한 인생의 행복을 누리지 못하고 나중에서야 때늦은 후회를 하는 경우가 많다. 개인적으로 어느 기독교 대학교에서 부총장이셨던 장로님을 알게 되었다. 그 장로님은 미국에서 30년을 살면서 큰 회사의 부사장까지 지낸 분이었다. 자녀를 세 명 두었는데 자녀와 며느리, 사위 모두가 남들이 부러워하는 의사와 변호사다. 그분이 자녀들을 훌륭하게 키우고 행복한 가정을 이룰 수 있었던 자녀교육의 핵심은 바로 저녁 식사를 같이하는 것이었다. 저녁 식사 시간에는 다양한 일이 이루어진다. 하루의 삶을 나누면서 부모와 자녀 모두가 자신의 삶을 나누며 삶을 확증받고 내일의 인생을 계획한다. 뿐만 아니라 나름대로 겪는 불안과 열등감을 내놓고 위로, 격려, 도전을 받을 수 있는 시간도 될 수 있다.

우리가 평생 열심히 일해서 얻고 누리고 싶은 궁극적 열매는 사회적 성공이 아니다. 하루를 성실하게 일하고 돌아와 가족들과 함께하는 시간을 갖는 가족의 행복이다. 가족이 없는 성공은 무의미하다. 이를 위해서는 가정에서도 TV 시청이나 개인의 휴대폰 사용에 관해 분명한 지침을 갖고 있어야 한다. 가족이 함께하는 것은 서로에게 마음과 시간을 헌신하는 것이다. 가정에 있다고 해도 각자가 자기만의 공간에서 자기만의 시간을 갖는다면 함께함의 의미를 찾을 수 없다. 한 가족이 한 지붕 안에 있으면서 함께하지 못한다는 것은 이 시대의 비극이다. 하루의 기적을 일구기 위해서는 저녁 시간에 가족들이 함께함으로 하루의 기적에 사랑의 하트를 그려 넣어야 한다.

영성 일기 쓰기

영성 일기는 두 배의 인생을 살게 한다

오랫동안 알고 지내는 대학교수 선배가 한 분 계신다. 그분은 자신의 소나타 승용차를 정말 아끼고 지극정성으로 관리한다. 그 승용차를 무려 20년 동안 탔고 주행 거리가 자그마치 460,000킬로미터다. 이 정도면 국보급이다. 그 선배의 자동차 관리 지론은 철저한 정기 점검이다. 성실하고 정직하게 일하는 자동차 정비업소를 정해놓고 정기적으로 점검을 맡긴다. 내가 보기에는 차량 관리 비용을 불필요하게 지출하는 것 같았다. 차가 고장 났거나 엔진 오일 혹은 공기필터를 교환하거나 타이어를 교체할 때나 정비업소를 찾으면 충분하다고 생각했기 때문이다.

그런데 그렇게 필요할 때만 차를 수리하고 다니다가 문제를 키워 큰 비용을 지출해야 할 때가 있다. 접촉 사고, 무리한 운전, 관리 소홀, 점검 과실 등으로 어딘가에 문제가 생기게 마련이다. 자동차 정기 점검은 다양한 원인으로 발생할 수 있는 문제들을 미리 예방함으로 자동차를 최고 수준의 성능을 유지하게 한다.

우리 인생을 사는 것도 마치 자동차를 운전하고 관리하는 것과 같다. 세월이 흐르면 낡고 수리해야 할 일들이 생기게 마련이다. 제때 점검하지 않고 시기를 놓치면 작은 원인도 큰 문제가 된다. 자동차는 시기를 놓쳐 심각한 문제가 생기면 폐차하거나 새 차를 사면 된다. 하지만 인생은 다시 살 수 없다. 한 번 구매한 인생을 끝까지 타고 다녀야 한다. 그래서 인생 자동차는 정기 점검을 받는 것이 최선의 관리 방법이다.

영성 일기는 매일 살아가는 인생을 날마다 점검하고 관리하는 최고의 방법이다. 정기 서비스를 통해 자동차를 관리하듯 영성 일기를 통해 매일 자신의 삶을 관리하면 건강한 인생의 영적 마일이지가 많아지고 삶의 만족도가 올라간다.

인생 자동차는 매일 열심히 달린다. 잘한 일, 못한 일, 완벽한 일, 미진한 일 등 온갖 일이 일어난다. 고속도로를 달리기도 하고 험악한 도로를 달리기도 하고 비포장도로를 달리기도 한다. 접촉 사고가 나기도 하고 바퀴가 한쪽만 마모되기도 한다. 사람을 만나 상처 받고 일 추진에 문제가 생기기도 한다. 예기치 않던 사고가 발생하기도 하고 몸에 이상을 느끼기도 한다. 몸이 너무 피곤해 꼼짝하기도 싫은 경우도 많다.

인생 자동차는 오늘도 달리고 또 내일도 계속 달려야 한다. 피곤하고 지칠 수밖에 없다. 깨지고 고장이 나고 작동하지 않는 부분도 있다. 영성 일기 쓰기는 그런 인생 자동차를 세밀하게 정비하고 수리하는 일이다. 그러면 주행 거리가 100만 킬로미터를 넘어도 계속 달릴 수 있다. 남들이 10-20만 킬로미터를 달리고 차를 교체할 때 나는 값싼 비용으로 두 배의 인생을 살 수 있다. 그런 사람은 하루를 살아도 다른 사람의 이틀분을 산다. 그런데 단순히 시간만 두 배가 아니다. 하루 삶의 질이 달라지고 인생 전체 수준이 한 차원 높아진다.

영성 일기 쓰기는 매일 영혼을 점검하며 내 인생의 방향을 날마다 미세하게 조정하는 것이다. 모자란 힘과 용기와 의지의 에너지를 보충하기도 한다. 내 마음의 태도를 바꾸기도 한다. 새롭게 소망을 가지고 내일을 기대하기도 한다. 하나님 말씀의 능력을 체험하며 하나님 말씀이 인생길에 빛이고 발에 등불임을 확인하는 것이다.

인생을 평안과 함께 넘치는 활력을 갖고 살기를 원한다면 날마다 영성 일기를 작성하라. 영성 일기는 하루의 기적을 살기 위한 필수 사항이다. 영적으로 미세한 조정을 해준다. 하루 삶의 미세한 차이가 인생의 큰 차이를 만들기 때문에 세밀한 관찰이 중요하다. 내가 지금 광야에 있다는 것을 깨닫는 순간, 불평과 원망의 마음을 접고 하나님이 주신 훈련임을 믿고 감사함으로 받아들이게 돕는다. 하루의 순간순간이 애굽인지 광야인지 아니면 가나안인지 분간하기가 쉽지 않다. 그러나 하루를 돌아보며 영성 일기를 쓰면 명확하게 분별할 수 있다. 그 분별이 매일 쌓여가면 삶의 모든 순간마다 내 마음이 어디에 있고 어디에 있어야 하는지를 깨닫는다. 이 모든 것은 하루의 기적을 완성해가는 과정 중 하나다.

영성 일기를 쓰는 목적을 분명히 한다

영성 일기의 목적은 날마다 하루의 삶을 돌아보며 내가 하나님과 동행하는 삶을 살고 있는지를 점검하고 개선하는 것이다. 영성 일기를 통해 내가 하나님 말씀에 얼마나 순종했는지, 말씀대로 살았는지, 하나님은 나를 얼마나 도와주셨는지를 확인할 수 있다. 순종했다면 나의 순종에 감사하고 하나님의 도우심에도 감사한다. 순종하지 못했을 때도 그 사실을 인정하고 회개의 고백을 분명히 한다. 회개의 고백은 내일의 순종을 다짐하게 한다. 때로는 알 수 없는 하나님의 침묵에 계속 집중하며 하나님의 분명한 뜻을 구하기도 한다. 이 모든 것은 영성 일기를 쓰면서 깨달을 수 있다.

기록은 인생을 두 배로 살게 한다. 내가 살아온 하루의 삶이 있고 그 하루의 삶을 성찰한 기록의 삶이 있다. 그래서 두 배의 인생이 된다. 인간은 모든 동물 중에 유일하게 자신의 삶을 돌아보는 성찰 능력이 있다. 성찰 능력으로 나 자신과 내 삶이 적절했는지를 돌아보고, 세상을 대하는 나의 마음과 자세가 온전했는지도 살핀다. 나는 나다웠을까? 내가 하나님의 자녀로 살았을까? 내 일터, 가정에서의 위치, 많은 사람과의 관계 등 삶의 여러 측면에서 자기 성찰을 하면 삶의 수준이 높아진다. 성찰이 살아온 삶의 가치를 두 배로 만들어준다. 성공한 삶이든 실패한 삶이든 모두 인생을 풍부하게 해준다. 성공한 삶에 대한 감사와 실패한 삶에 대한 반성을 나의 마음에 새기고 내일을 위한 훌륭한 인격의 도구가 되기 때문이다.

특별히 영성 일기 쓰기의 초점은 마음 점검에 있다. 우리는 새벽과 나인 투 파이브의 기적 시간에 성경 마음 지도를 이용해서 하루 기적의 삶을 산다. 실력이나 능력의 모자람을 만회하고 보강하는 길은 어렵지 않게 찾을 수 있다. 그러나 마음의 완악함과 상처는 쉽게 바뀌거나 회복되지 않는다. 인생에서 반복되는 실수가 있다면 그 원인은 마음의 문제다. 때로는 더불어 살아가는 사람들과의 관계에 영향을 미치고 그 관계를 회복하는 것이 어렵다. 분노와 자존심, 열등감과 수치심 등이 관계 속의 암적 요소로 작용한다. 결국 내 안의 문제인 것이다.

영성 일기는 이렇게 작성한다

글을 쓴다는 것은 쉬운 일이 아니다. 머릿속에 떠오르는 생각과 감상은 많지만 막상 펜을 들면 첫 단어도 잘 떠오르지 않는다. 잘 써야 한다든가 바르게 써야 한다는 무의식적 부담감이 글쓰기를 망설이게 하기 때문이다. 많은 사람들이 이런 경험을 한다. 그래서 영성 일기를 시작하지 못하는 이들도 많다.

이런 분들을 위해 먼저 '세 줄 쓰기' 방식을 소개한다. 세 줄은 좋았던 일, 좋지 않았던 일, 그리고 마음의 다짐을 기록하는 것이다. 세 줄 쓰기 방식은 많이 알려져 있다. 원래 일본 의사가 입원 환자의 의무 기록철을 정리할 때 일곱 줄로 정리해서 환자의 상태를 한눈에 알아보도록 한 데서 시작되었다. 세 줄 쓰기는 내 하루의 삶을 알아보기 쉽게 정리하는 간단한 방법이다.

첫째로 '좋았던 일'은 하루 경험 중에서 즐거웠거나 의미 있었던 일을 한 문장으로 표현한다. 내 삶의 가치를 올리고 보람을 느끼는 방법이다. 한 문장으로 정리하는 것만으로도 성찰과 치유의 효과가 있다.

둘째로 '좋지 않았던 일'은 하루 생활 중에서 잘못했거나 마음을 상하게 한 경험 등을 한 문장으로 쓰면 된다. 이것은 마음의 찌꺼기를 정리하고 청소하는 방법이다. 가정에는 물을 공급하는 상수도와 사용한 물을 내보내는 하수도가 있다. 몸의 건강도 호흡, 순환, 소화 기능 등과 함께 배설기능이 제대로 작동되어야 지킬 수 있다.

셋째로 '마음 다짐'이다. 미진했던 것, 더 잘해야 할 것, 혹은 최선의 에너지를 부어서 완성해야 할 것들을 생각하며 마음속으로 다짐을 한다. 마음 다짐은 내일이 오늘보다는 더 나은 하루가 되게 한다. 다짐을 할 때는 작은 것부터 시작하는 것이 좋다. 실천할 수 있어야 성취감을 통해 나아진다는 경험을 할 수 있기 때문이다. 하루의 기적을 그렇게 정리하며 차분하게 만들어갈 수 있다.

세 줄 쓰기는 영성 일기를 시작하기에 좋은 방법이다. 이 세 줄 쓰기의 내용을 기독교적으로 바꾸면 감사, 회개, 실천에 옮기기로 결단하는 것이다. 하루의 기적을 원한다면 다른 생각을 접어두고 일단 세 줄 쓰기를 시작하라. 시작이 반이라고 했다. 일단 시작하면 큰 유익을 경험할 것이다. 그 유익 경험이 영성 일기를 즐기게 해준다. 그러면 자연스럽게 더 풍성한 영성 일기를 쓸 수 있는 근육이 형성된다.

실제로 세 줄 쓰기를 시작하면, 생각보다 글이 자연스럽게 길어진다. 생각은 늘 실타래처럼 이어지기 때문이다. 더 자세하게 쓰기 위해서는 구체적인 안내가 필요하다. 영성 일기는 크게 세 가지 내용으로 구분해서 작성한다. 하루의 삶을 중심으로 그날 일어난 사실, 사실과 관련된 내 모습, 그리고 사실을 바라보는 하나님 아버지 마음, 이렇게 세 부분이다. 하나씩 자세히 살펴본다.

하나, 하루에 일어난 주요 사실을 기록한다

하루에 일어난 여러 사건 중에서 중요한 내용을 적는다. 중요한 일이란 나에게 중요한 의미가 있는 일을 말한다. 가족, 직장, 교회, 그리고 여러 가까운 사람과의 모임이나 관계에서 일어나는 일 중에서 중요하다고 생각되는 내용을 기록한다. 매일 반복되는 일일 수도 있고 특별한 사건일 수도 있다. 많이 쓸 필요는 없고, 내가 쓰고 싶고 쓸 수 있는 만큼 쓰면 된다.

그 외 자신에게 중요하다고 생각한 일을 기록할 수도 있다. 나는 혈압과 먹는 음식 목록도 자주 기록한다. 혈압이 높고 항상 위가 좋지 않아 배탈이 많이 나기 때문이다. 먹을 때의 특별한 느낌도 적는다. 맛있는 것, 과식한 것, 억지로 먹은 것, 먹고 별로 좋지 않았던 것 등이다.

이런 기록이 장기간 쌓이자 내 건강에 관해 전문가 수준에서 분석

할 수 있게 되었다. 매일 먹은 음식의 기록은 먹는 것과 관련해서 놀라울 정도로 정확하게 나의 건강한 음식 섭취 처방을 알려준다. 우리가 병원에 가면 의사에게 전문적 의료 행위 외에 먹는 것에 대한 지침을 구두로 안내받는다. 그 지침은 일반적인 상식 수준의 내용이다. 그래서 내 기록이 의사 지침보다 더 정확하고 권위가 있다.

제주 공동체에서 머무는 동안 아침 식사 때마다 열일곱 가지의 채소와 과일을 먹었다. 1년 365일 하루도 빠지지 않고 그 음식을 먹을 수 있었던 것은 하나님의 특별한 은혜였다. 호박, 누룽지, 양배추, 파프리카, 토마토, 브로콜리, 사포나리아(껍질째 먹는 알로에), 사과, 바나나, 쑥떡, 삶은 계란, 고구마, 김치 등이다. 그리고 계절에 따라 제철 과일을 두세 가지 정도 더 먹는다. 무엇보다 아침 식단은 비타민과 미네랄이 풍부하다. 그리고 식사 후에는 항암 차로 알려진 화살나무 차를 마신다. 건강을 위해 먹는 것을 기록하다 보면 다른 습관들도 함께 적게 된다. 때로는 운동 시간과 운동량도 기록했다.

내 삶을 한눈에 본다는 것이 기대 이상의 큰 유익을 준다. 한동안 내가 쓴 영성 일기를 살펴보면서 내가 전화를 잘 하지 않는다는 사실을 새삼 발견하였다. 내가 사람 중심이 아니라 일 중심이라는 사실을 알게 된 것이다. 사람에 대한 관심이 적은 사람이었다. 나는 내향적이라 먼저 사람을 찾거나 말을 걸지 않는 편이다. 그런데 매일의 기록을 통해 관심의 말 한마디와 기도를 필요로 하는 사람들이 많은데도 내가 그 요구를 무시한다는 영적 책망을 들었다. 그 이후로 나는 최소한 하루에 한 번은 누군가에게 전화를 걸려고 노력한다. 의도적인 노력인데, 나는 이게 너무 좋다. 이런 과정을 거치며 나 자신에 대한 만족도가 올라가고 내가 변화되는 것을 느낀다. 성숙도는 내 생각의 깊이나 양이 아니라 내가 행동으로 옮기는 만큼 쌓인다.

둘, 자신이 어떤 모습이었는지를 살핀다

오늘 하루 자신이 어떤 모습으로 살았는지를 적는다. 오늘 일어난 일을 중심으로 나의 말, 내면의 감정, 태도, 행동, 관계성 등 나의 모습과 생각을 기록한다. 우리는 어느 순간의 자기 모습을 알고 깨닫기도 한다. 하지만 기록하지 않으면 그때뿐이다. 기록하지 않은 깨달음은 해가 뜨면 사라지는 안개와 같다. 우리 내면의 성장이 멈추어버린다. 한 순간의 깨달음이 변화로 이어지고 성숙의 열매로 맺히려면 기록해야 한다. 글로 적는 순간 성찰되고 마음에 각인이 되기 때문이다.

내가 기뻐할 때를 떠올리며 기록하면 얼마나 그 기쁨을 표현했는지, 또 누구와 그 기쁨을 나누었는지, 진심이었는지 아니면 의례적이었는지를 살피게 된다. 그 살핌은 내 마음을 정화한다. 그러면 다윗처럼 "하나님이여 내 속에 정한 마음을 창조하시고 내 안에 정직한 영을 새롭게 하소서"(시 51:10)라고 고백할 수 있다. 또한 신앙과 인격이 깊어진다. 깊어진 인격은 주위 사람들에게 거룩한 영향력을 끼친다.

나쁜 경험도 마찬가지다. 부정적인 경험을 했을 때 내 첫 반응은 어땠는지, 어떤 감정이었는지를 곰곰이 생각하고 기록한다. 그리고 그것이 분노인가, 실망인가, 아니면 수치심이나 두려움이었나를 성찰한다. 감정은 영성으로 들어가는 문이다. 그 느낌을 세밀하게 살피는 것은 내 영성을 업그레이드하는 지름길이다. 사람들과의 대화도 마찬가지다. 내가 대화 속에서 분노를 느꼈다면 왜 그랬는지, 내 분노가 정당했는지 아니면 미성숙한 것이었는지도 성찰할 수 있다.

내 감성을 아름답게 표현하는 것도 좋다. 나는 영성 일기에 가끔 시를 쓴다. 한때 문학도를 꿈꾸었던 시절을 떠올리며 시를 적는다. 시라기보다는 시상이라고 하는 게 맞을 것 같다. 영성 일기에 시를 쓰면서 자연과 마음속 대화를 나누는 은혜도 누린다. 성 프란체스코가 동물들과 대화했다는 이야기를 처음 들었을 때는 동화 같은 이야기로 들렸다. 그런데 시편 말씀을 묵상하면서 나도 자연과 대화할 수 있다는 것을 알았다. 자연과 대화하는 데 특별한 은사가 필요하지는 않다. 문학적 상상력을 동원하면 내 마음을 느끼고 하나님의 마음을 알아가는 영성에 도움이 된다. 때로는 새소리가 내게 걸어오는 말로 들리기도 한다. 햇살도 나에게 인사하는 것처럼 느낀다. 나무와 풀에게도 속삭이며 말을 건넨다. 내가 마음속으로 한마디를 하고 소리 내어 인사할 때마다 자연이 더 푸르게 느껴진다. 그리고 이 모든 과정에서 하나님이 내 옆에 더 가까이 계심을 느낀다.

내 속마음을 살피면 영적으로 회개의 문이 열리고 자기 상담을 통한 치유도 경험할 수 있다. 심각한 내면의 문제라면 전문가의 상담을 받아야 하지만, 영성 일기를 통해서도 내면의 상처를 많이 해결할 수 있다.

영성 일기를 통한 자기 상담은 전문가가 줄 수 없는 상담의 효과도 얻는다. 내 문제를 나보다 더 잘 아는 사람은 없기에, 상담자에게 말하고 듣는 것보다 내가 상처를 말하고 내 이야기를 듣는 것이 더 도움이 되기도 한다. 그런 과정은 자존감을 높여준다. 누군가의 도움을 통해 문제를 해결하는 것보다 자기 성찰을 통해서 스스로 문제를 해결하는 사람이 되었다고 느낄 때 자존감이 건강해진다.

셋, 하나님 아버지의 마음을 확인한다

하나님 아버지의 마음을 확인하는 것이 영성 일기의 핵심이다. 자기 성찰이 주는 유익이 분명히 있지만, 한계도 분명히 있다. 그래서 나 자신을 객관적으로 바라보기 위해서는 반드시 하나님의 눈으로 자신과 삶을 살펴보아야 한다.

하나님 아버지의 마음을 살핀다는 것은 하나님 아버지의 마음으로 나의 하루를 바라보는 것이다. 하나님이시라면 내가 처한 그 상황에서 어떤 말씀하고 어떻게 행동을 하셨을까? 그 중요한 일에서 어떤 선택과 결정을 하셨을까? 그 시각으로 보면 내가 잘한 것도 있고 잘못한 것도 있다. 실수도 있고 칭찬을 받을 만한 모습도 있다. 하나님이 뭐라고 칭찬하실지 또 어떤 꾸중을 하실지를 열린 마음으로 들어야 한다.

그리고 그 하나님의 마음을 글로 적어야 한다. 그런데 이게 그렇게 간단하지 않다. 글을 쓰는 것이 나에게 영적 압박이 되면서 동시에 마음속에서 저항도 생기기 때문이다. 내가 하나님 음성을 글로 적는 것은 내가 나를 보고 스스로 판단하는 것이다. 그 시각에서 내가 잘못했다고 고백하고 내가 바뀌겠다고 결단하는 데 의미가 있다. 여기에 변화의 역동이 작용한다. 심리적으로 씨름하는 것은 내가 변하겠다는 의미가 있다. 그 마음의 변화를 글로 적어내야 한다.

하나님 마음·생각을 글로 쓰는 다섯 가지 유익

하나님의 마음과 생각을 글로 적는 유익을 다섯 가지로 요약하면 이렇다. 하나님을 경외하는 마음 훈련, 하나님과 익숙한 관계 형성, 하나님의 생각을 따라 생각하고 하나님이 원하시는 대로 행동을 바꾸겠다는 의지 형성, 하루 기적의 삶을 습관으로 세우는 것, 그리고 마음의 치유다.

하나, 하나님을 경외하는 마음 훈련

하나님을 경외하는 마음을 배우는 것이다. '경외'(敬畏)는 존경하면서도 두려워하는 마음이다. 하나님을 두려워한다는 말이 일견 부정적인 것 같지만, 사실 인간이 하나님을 대면하는 가장 순수한 첫 마음이 두려움이다. 하나님이 우리의 잘못에 대해 노하고 징계하셔서 두려운 것이 아니다. 감히 다가갈 수 없을 정도로 거룩하고 위대한 분을 뵌다는 떨림이다. 모세가 하나님을 뵐 때 신발을 벗는 행위나 하나님의 얼굴을 감히 쳐다보지 못했던 바로 그 마음이다.

시편 말씀이 이 경외의 마음을 정확하게 표현한다.

여호와를 경외함으로 섬기고 떨며 즐거워할지어다(시 2:11).

경외하는 마음은 섬기고 떨고 즐거워하는 마음이다. 바울은 빌립
보 교회의 성도들에게 권면했다.

그러므로 나의 사랑하는 자들아 너희가 나 있을 때뿐 아니라 더욱 지
금 나 없을 때에도 항상 복종하여 두렵고 떨림으로 너희 구원을 이루
라(빌 2:12).

늘 하나님 앞에 설 수 있는 사람이 되도록 영적 긴장감을 가지고
살라는 말씀이다.

인간은 뇌가 가진 생존 지향적 경향 때문에 긍정적인 기억보다 위
험한 경험에 대한 무서움과 두려움의 기억을 더 오래 간직한다. 해마 옆
뇌의 가장 깊은 곳에 있는 편도체가 공포와 두려움 같은 감정 반응에
관여하면서 압도적으로 위험하거나 무서운 상황에서 생존 모드로 변화
된다. 위험한 짐승이 달려들 때 두려움을 느껴야 위험을 재빨리 피하는
행동을 할 수 있기 때문이다.

어린아이들에게 아빠가 언제 좋으냐는 질문을 하면 금방 대답하

지 못하는 경우가 많지만 아빠가 싫을 때를 기억하라면 대답이 금방 나온다. 야단을 치고 소리를 지르고 때로는 체벌을 가할 때 두려움과 함께 본능적으로 살아남아야 한다고 느끼기 때문이다. 이런 감정을 동반하는 경험을 반복적으로 하면 단기기억이 장기기억으로 전환된다. 뇌에 저장될 때는 감정이 강하게 실린 정보가 가치 있고 중요한 정보가 되기 때문이다.

하나님을 경외할 때의 두려운 마음과 현실에서의 두려움이 같은 것은 아니지만 심리 차원에서의 두려움은 같다. 영성 일기를 통해, 늘 용서해주시는 하나님을 생각하며 말씀대로 살지 못할 때의 두려움을 날마다 고백할 때 하나님을 경외하는 마음을 오래 기억하게 된다. 늘 그 두려운 마음으로 하나님 앞에 서는 것이다. 선악과를 따 먹은 아담에게서 그 두려움을 마음을 발견한다. 하나님께서 선악과를 따 먹고 하나님의 낯을 피하여 나무 사이에 숨은 아담을 찾으셨다. 그러자 아담은 "내가 벗었으므로 두려워하여 숨었나이다"(창 3:10)라고 대답했다. '먹지 말라는 명령을 어기면 반드시 죽으리라' 하셨던 하나님의 경고를 기억하고 두려움을 느꼈을 것이다.

영성 일기 쓰기는 아담이 느낀 이 두려움을 느끼고 고백하는 것이어야 한다. 그 고백이 하나님을 기억하게 하고 하나님과 동행하도록 돕는다. 두렵다는 아담의 고백을 들으신 하나님께서 아담에게 먹지 말라고 했던 선악과를 먹었느냐고 물으셨다. 그때 아담은 명령을 어기고 따 먹었다고 솔직하게 대답했어야 했다. 영성 일기를 쓸 때 우리는 우리에게 물으시는 하나님의 음성을 듣는다. 그때 솔직하게 나의 삶을 고백하고 인정해야 한다. 영성 일기는 바로 그 기회를 붙잡는 일이다.

안타깝게도 아담은 자기 죄를 인정하지 않고 하와 때문이라고 핑계를 댔고, 하와는 뱀 때문이라고 핑계를 댔다. 그때 아담이 영성 일기를 쓸 줄 알았다면 인간의 비극은 일어나지 않았을지도 모른다. 아담의 핑계는 자기 잘못을 회개하지 않는 것이었다. 결국 하나님의 징계로 이어져 그가 에덴동산에서 쫓겨나는 결과를 낳았다.

영성 일기를 쓸 때 말씀을 가지고 자신을 돌아보면서 솔직하게 잘못을 인정하고 하나님을 향한 두려움으로 귀결되어야 한다. 그것이 우리 영혼이 사는 길이다. 아담처럼 두려움을 외면하고 핑계를 대면 안 된다. 영성 일기를 쓸 때 꼭 명심해야 할 부분이다. 용서에 대한 확신이 함께 말씀에 근거하여 회개하는 것이 중요하다.

둘, 하나님과 익숙한 관계 형성하기

하나님과의 친밀한 관계가 깊어진다. 무엇이든지 매일 하면 익숙해진다. 영성 일기도 마찬가지다. 익숙함은 긴장감과 새로움을 경험하지 못하게 하지만, 하나님의 마음을 분명하게 알게 하고 하나님과의 관계를 더 편하게 해준다. 친밀해지면 하나님과 친구처럼 솔직하게 대화하게 된다. 우리는 성경 말씀을 통해 하나님과 대화를 나눈다. 그 대화를 통해 하나님 아버지의 마음을 더 깊이 알게 되고, 하나님 마음을 통해 내 모습도 돌아볼 수 있다. 이것이 하나님과의 친밀한 관계가 주는 영적 유익이다.

영성 일기를 매일 쓰는 것은 하나님 마음을 더 깊이 알고 싶기 때문이다. 하나님 아버지의 마음을 알고 내 모습을 깨달으며 그것을 글로 옮기면서 내 모습을 조금씩 다듬어간다. 다윗이 자신의 마음이 확정되고 확정되었다고 한 고백은, 하나님과의 관계를 통해 발견한 자신의 모습을 보고 변하지 않겠으며 확정해가겠다는 결단의 고백이다(시 57:7). 글은 이성적이기 때문에 감정처럼 애매하거나 두루뭉술하지 않다. 나의 부족함이 무엇인지 인식하고 바꾸어야 할 말과 마음과 행동이 무엇인지가 명확하다. 그 내용을 글로 표현하면서 더 명확해진다.

우리는 24시간 성령 충만하지 못하다. 그래서 하나님 말씀을 따라 온전한 말과 행동을 하지 못할 때가 많다. 감사의 마음을 잊어버리고 사랑한다는 표현도 제대로 못 한다. 사과와 용서가 필요한 것을 알면서도 완악한 마음 때문에 마음 문을 열지 못한다.

글을 쓰는 것은 마음의 연습이다. 내가 그렇게 하겠다고 작정하는 마음을 확인하고 자신에게 약속하는 것이다. 내 모습을 하나님의 뜻에 비추어 보고 느끼면서 내가 어떻게 변해야 하는지를 깨닫는다. 그것을 글로 적는 것은 그렇게 하겠다는 의지의 표현이다. 하나님과의 친밀감이 깊어지면서 마음이 솔직해지고 그것이 의지적 결단으로 이어진다.

셋, 하나님 말씀을 마음판에 새기기

반복은 각인이 된다. 매일 영성 일기를 쓰는 것은 계속되는 반복

작업이다. 내가 하나님의 생각을 따라 생각하고 하나님의 눈으로 하루 삶을 반복해서 돌아보면, 하나님이 원하시는 삶을 마음에 그리게 된다. 매일 사건의 내용은 달라도 사건 속에 담긴 하나님의 원리는 같다. 그 원리를 반복해서 확인하며 마음 판에 새긴다.

그다음에는 그 내용을 소리 내어 기도로 고백한다. 마음판에 새기는 과정이다. 글쓰기는 마음의 표현이지만 머리가 하는 일이다. 그것이 마음의 일로 이어지고 마음 판에 새겨질 때 비로소 인격과 신앙으로 만들어진다. 이때 성령의 도움을 간구하는 것은 당연하다. 기도의 마지막은 감사다. 하루의 기적을 살아온 삶의 열매를 확인하는 기도를 하며 그 모두가 하나님의 상급임을 감사하는 것이다. 이것이 습관 형성에서 보상으로 작용한다.

넷, 하루 기적의 삶을 습관으로 세우기

하루 기적의 삶을 습관으로 만드는 것이다. 영성 일기를 쓰는 것은 습관을 강화한다.

뉴욕 대학교 랑곤 의료센터의 생화학자인 광 양(Guang Yang) 박사는 반복 학습의 효과를 연구하면서 광학 현미경으로 뇌 사진을 찍었다. 인간이 새로운 학습을 한 뒤에 잠을 잘 때 새로운 주제를 이해하고 통달하게 하는 필수 신경 연결 부위인 새로운 시냅스(synapses)가 형성되는 사진이다. 집중해서 학습한 뒤 잠을 자면 새로운 시냅스가 마법같이 생성된다. 하루에 형성되는 시냅스는 정해져 있으므로 며칠에 걸쳐 간격을 두고 지속할 때 시냅스가 많이 만들어진다.

이 반복 학습 원리가 저녁에 쓰는 영성 일기에 적용된다. 영성 일기 쓰기를, 하루 기적의 삶을 뒤돌아보며 학습하는 시간으로 삼아 습관으로 만드는 것이다. 반복 학습 이론대로라면, 저녁에 영성 일기를 쓰고 잠을 자면 영성 일기에 기록된 내용을 이해하고 통달하는 시냅스가 형성된다. 이 시냅스는 습관 형성에 결정적인 도움이 된다. 그런 점에서 영성 일기의 내용이 하루 기적의 삶을 정리하고 보완하는 교훈이 되면 좋다. 새로운 다짐을 하면서 소망과 열정을 느끼는 것도 큰 도움이 될 것이다. 하루의 기적을 사는 삶의 능력을 뇌가 기억하고 쉽게 실천할 수 있기 때문이다.

다섯, 마음의 상처 치유하기

인생을 살다보면 누구나 크고 작은 마음의 상처가 생긴다. 글쓰기는 이런 상처를 치유한다. 신앙생활에서 마음의 상처는 암세포와 같다. 시간이 흐르면 암세포가 자라나 회복하기 어려운 상태가 된다. 그러므로 그 상처가 나를 넘어뜨리지 않게 해야 한다. 가장 좋은 치유 방법은 그날의 상처를 그날에 치유하는 것이다. 혹시 오래전 상처가 있더라도 영성 일기를 통해 치유될 수 있다. 하루의 기적에서는 하루의 삶을 돌아보며 그날의 마음을 치유한다.

영성 일기를 쓰며 하루를 사는 동안 받았던 마음의 불편함과 아픔을 세밀하게 점검하고 다루어야 한다. 그날 하루의 치유를 해야 한다. 하루의 기적은 반듯한 벽돌을 하나 굽는 일이다. 모양이 일그러지고 얼룩이 졌다면 다듬고 깨끗하게 씻어주어야 한다.

최고의 치유 방법은 매일 글로 쓰는 것이다. 사건을 일일이 설명할 필요는 없다. 그 사건을 대하며 느꼈던 나의 감정을 중심으로 풀어나가면 된다. 글을 쓰는 과정 자체가 치유의 과정이다. 글을 통해 마음을 표현하면 일어난 일과 거리를 둘 수 있다. 아픔을 당한 자의 시각만 느끼는 것이 아니라 아픔을 준 사람의 관점에서도 생각하게 된다. 아픔을 재현하는 순간도 있지만 그 아픔을 부인하지 않는다. 충분히 그럴 수 있다고 인정해주고 받아주면 된다. 글은 거기서 그치지 않는다. 영성 일기는 그 상황에 계셨다고 믿는 하나님의 관점에서 쓰는 것이다. 그러므로 긍휼이 많고 인자함이 영원하신 하나님이 그 상처를 어루만지고 덮어주시는 은혜를 경험한다.

영성 일기를 매일 쓰는 습관 만들기

우리는 보통 잠자기 전에 잠깐 기도하는 것으로 하루를 마무리한다. 간단한 기도도 거룩한 습관으로 좋은 것이지만 영성 일기 쓰기와는 비교할 수 없다.

영성 일기를 매일 쓰려면 습관으로 만들어야 한다. 나는 가끔씩 하루를 돌아보는 성찰의 글을 가끔 썼다. 영성 일기를 쓰기 시작하면서 매일 써야겠다고 마음을 먹었지만 제대로 실천하지 못했다. 그러다가 제주에 내려온 이후로 조금씩 영성 일기를 쓰기 시작했고, 최근에는 거의 매일 일기를 쓴다.

영성 일기 쓰기를 습관으로 만들려면 습관 형성의 원리를 적용해야 한다. 미국 MIT 대학 연구팀에 의하면, 습관 형성에는 신호, 반복 행동과 열망, 보상이라는 세 가지 고리가 작용한다. 이 관점에서 영성 일기를 쓰는 습관을 살펴본다.

첫째, 영성 일기를 쓰는 반복 행위에 대한 신호가 무엇인지를 살핀다. 보통은 저녁에 하루의 삶을 마치면서 자기 전에 쓴다는 생각이 신호가 된다. 그런데 많은 사람들은 영성 일기를 쓰기 전까지의 저녁 시간을 계획 없이 되는 대로 보낸다. 집에 돌아와 식사를 하고, TV를 보거나 책을 읽는다. 가족들과 일상적인 대화를 하기도 하고, 피곤하면 일찍 침대에 누워 스마트폰을 보다가 졸리면 잔다. 문제가 있다고 말할 수는 없지만 영적 질서가 흐트러진 모습이다. 한마디로 저녁 삶의 주제가 없고 질서도 없다.

더구나 하루를 마무리하는 시간은 체력적으로 소진된 상태라 집중해서 글을 쓰기가 쉽지 않다. 그래서 영성 일기를 쓰는 것이 부담스러운 의무가 된다. 습관의 관점에서 보면 영성 일기를 쓰는 행동을 위한 신호는 마음속 의무감이 전부다. 게다가 그 의무감조차도 무질서하게 저녁 시간을 보내다 잠자리에 들 시간이 돼서야 반짝 떠오르는 신호일 뿐이다. 그러다보면 잠자기 전 짧은 기도로 영성 일기를 대신한다.

나는 영성 일기를 쓰는 습관을 들이기 위해 신호를 간단히 정했다. 저녁 9시가 되면 알람을 울리도록 한 것이다. 그 신호는 하루를 마무리하고 영성 일기 쓰기를 위한 준비 신호다. 그렇게 시간을 정해놓자 9시 이전까지 하루의 삶을 정리해야 했다. 하지만 설교 준비를 하거나 글을 쓰다 보면 9시까지 마무리가 안 되는 경우가 많다. 그래서 일과를 마무리하면서 의도적으로 감사의 마음을 갖기로 했다. 그러니까 저녁 9시의 알람은 하루를 마무리하며 감사의 마음으로 소리 내어 고백하는 신호다. 오늘 하루의 삶이 충분하고 만족스러운 삶이었다고 하나님께 감사를 고백하는 것이다. 마치지 못하고 마무리하지 못한 것이 있더라도, 무조건 충분하고 만족스러운 하루라고 생각하며 감사와 기쁨으로 마무리했다. 부족했다던가 마치지 못한 일이 있다고 생각하는 것은 아예 욕심이라고 간주하기로 했다. 놀랍게도 감사와 기쁨의 마음을 떠올리는 것이 나에게는 영성 일기를 쓰는 신호가 되었다.

다음으로는 반복 행동과 열망이다. 날마다 영성일기를 써야 한다. 빠지는 날이 있더라도 계속해야 한다. 길게 쓰는 게 부담스러우면 앞에서 소개한 대로 세 줄 쓰기로 시작하면 된다. 처음에는 3주간 계속 쓰기, 다음에는 3개월 동안 계속 쓰기를 목표로 삼아보자. 그러면 영성 일기 습관이 만들어진다. 그런 다음 한 주에 한 번 혹은 한 달에 한 번씩 자신이 쓴 일기를 다시 읽어보길 권한다. 영적 삶의 흐름을 엿보게 하고 영성 일기를 계속 써나가게 하는 동기부여가 된다.

마지막으로는 하루의 기적을 사는 습관을 위한 보상을 확인해야 한다. 하루의 기적을 살고 나서 내가 얻는 보상이 무엇인지를 생각해보았다. 나를 칭찬하고 인정하는 일이 가장 적절한 보상이라는 생각이 들었다. 하루의 삶을 살았다는 것만으로도 칭찬하고 싶었다. 아인슈타인의 말대로 모든 것을 기적으로 생각하며 하루를 산 것도 잘한 일이었다. 그래서 영성 일기를 마치고 나면 하루 전부를 감사하는 고백을 하는 것이 보상이 된다고 생각하고 감사 내용을 나열하기 시작했다.

영성 일기를 쓰기 시작할 때의 신호로 하는 감사 고백이 있고, 영성 일기를 쓰면서 하는 감사 고백이 있다. 그날 하루 무엇인가를 얻었고, 받았고, 이루었다는 구체적인 내용은 영성 일기를 계속 쓰게 하는 보상 경험이 된다.

나를 칭찬하는 것도 하나님의 인정과 돌봄으로도 경험된다. 내가 나를 칭찬한 내용 그대로 하나님께서 나를 인정하시고 격려하신다는 믿음의 고백은, 내 칭찬의 내용을 마음속에 확실하게 각인시켜준다. 그 하나님의 칭찬과 인정을 고백하고 나면 감사의 고백이 저절로 따라온다.

이렇게 하루 삶에서 감사의 조건을 찾아 적극적으로 표현하는 것은 영적 싸움이다. 어렵고 힘든 일도 나에게 유익이고 도움이 되었다는 고백은 쉽게 글로 표현되지 않는다. 내 마음이 진정으로 그렇게 고백할 수 있어야 하기 때문이다. 따라서 의도적인 감사 고백은 돌밭이나 가시떨기 같은 내 마음을 좋은 밭으로 만드는 영적 싸움이다.

영성 일기를 쓰는 마음은 기도하는 마음이다. 하나님 앞에 나와 하나님과 대화하고 의논하며, 하나님의 음성을 듣고 고치고 변하고 따르겠다는 마음이다. 기도할 때와의 차이는 글로 적는다는 점이다. 그 점은 기도와는 다른 유익, 곧 기도할 때보다 하나님의 마음을 더 살피고 들을 수 있게 한다.

생활수도사로 사는 하루의 기적

내일의 기적 준비하기

오늘 하루는 어제가 이어진 것이고 내일 하루로 연결된다. 그렇게 연결되면서 삶이 형성되고 인생이 만들어진다. 그 연결에는 삶의 리듬이 중요하다. 그래서 저녁은 내일의 삶을 준비하는 아름다운 연주를 담은 악보 같은 시간이다.

저녁 시간은 앞에서 언급한 대로 저녁 식사, 가족과 함께하는 시간과 휴식, 영성 일기 쓰기, 그리고 내일을 준비하는 시간이다. 그런데 이런 저녁 시간을 성경에 나오는 "저녁이 되고 아침이 되니"라는 관점에서 살펴볼 필요가 있다. 저녁이 마침이 아니라 시작이라는 관점이다. 이런 시각은 하루의 기적을 온전히 사는 데 도움이 된다.

나의 기도가 주의 앞에 분향함과 같이 되며 나의 손 드는 것이 저녁 제 사같이 되게 하소서(시 141:2).

다윗에게 저녁에 기도하는 것은, 제사를 드리는 공적이고 엄숙한 시간이었다. 이 고백은 우리가 하루의 기적을 사는 데 있어 저녁 시간이 하나님 앞에서의 공적 시간이 되어야 함을 가르쳐준다. 그렇다고 지나치게 긴장하고 율법적으로 접근하는 것은 가정에서의 편안함과 휴식을 빼앗을 수 있다. 다만 저녁이 영적 주제와 의례가 있는 시간이 되어야 한다는 말이다.

내일의 기적을 준비한다

영성 일기를 마치면 하루가 마무리된다. 더는 할 일이 없고 잠자는 일만 남았다. 잠자리에 들고 다음 날 새벽에 일어날 때까지 숙면한다면 그것이야말로 최고의 은혜다. 그래서 잠을 잘 자기 위한 준비가 필요하다. 그래야 내일을 힘차게 시작할 수 있다. 잠자리에 드는 것은 마무리가 아니라 다음 날의 시작이기도 하다.

저녁과 아침과 정오에 내가 근심하여 탄식하리니 여호와께서 내 소리를 들으시리로다(시 55:17).

"저녁과 아침과 정오에"라는 표현은 저녁을 시작으로 생각한다는 것을 시사한다. 하루의 기적에서 새벽을 여는 것 그 전날 잠자리에 들기 전부터 시작된다. 저녁에서부터 새벽을 여는 시작까지 정교한 영적 흐름이 이어지기 위한 준비인 것이다.

그 준비는 새벽 기상 알람을 확인하는 것부터 시작된다. 스마트폰의 알람을 확인하고 손에 닿는 곳이나 몸이 잠에서 깨기 위해 일어나서 가야 할 먼 곳에 놓아둔다. 스마트폰 알람보다 음악으로 기상 시간을 알리고 싶다면 음악 알람 앱을 내려받아서 내가 원하는 음악을 기상 시간에 맞추어 놓으면 된다.

그 준비는 새벽에 일어나 갈아입을 옷도 미리 마련해서 속옷과 함께 원하는 자리에 놓아둔다. 군인이 관물을 정돈하는 마음 자세로 준비한다. 일어나 마실 물과 컵도 미리 챙겨놓는다. 누가 시켜서 하는 것이 아니라 자기 스스로 즐거운 마음으로 준비하면 수도사처럼 철저한 훈련의 삶을 살 수 있다. 책상 위에 새벽에 읽을 성경책과 메모지 그리고 펜도 챙겨놓는다. 책상 위도 깨끗하게 정리해서 다음 날 새벽 책상 앞에 앉았을 때 마음이 흐트러지지 않고 집중해서 기도할 수 있게 준비한다.

취침 전 준비는 수면 시간까지도 다음날 하루의 완벽한 출발을 위한 연결 과정이 되게 하며, 꿈속에서도 기적의 시간을 살게 한다. 필요한 과제를 꿈속에서도 준비하며 인생 목표도 꿈꾸게 해준다. 이것이 얼마나 좋은 일인지 모른다. 내일을 기대하며 잠자리에 들고 해야 할 일을 완성할 것을 꿈꾸며 잠을 청하는 것은, 그야말로 말 그대로 꿈을 이루는 것이다. 눈을 떠서도 꿈을 꾸고 눈을 감고서도 꿈을 이룬다.

잠자리에 들며 감사 기도를 드린다

내일 새벽 시간 준비까지 마치고 잠자리에 들면서 하는 마무리 기도가 하루 기적의 삶을 마감하는 마침표다. 하나님 앞에 내가 산 오늘의 기적에 대한 표창장을 받는 순간이다. 항상 우등생 표창을 받을 수 있다. 내가 무엇을 잘해서가 아니라 하루를 잘 마무리하기 때문이다.

마무리 기도를 할 때는 먼저 하루 기적의 삶을 감사한다. 미진했던 일도 있었지만 하루의 모든 것을 감사하며 기도한다. 우리의 기대와 계획에 미치지 못한 일을 후회하거나 아쉬워할 필요가 없다. 우리 자신의 완전함과 우리가 한 일의 완성도는 우리가 가진 욕심 때문일 수 있다. 그 강박의 느낌에서 벗어나야 한다. 하나님의 시간과 하나님의 관점으로 볼 때 이 마무리 기도의 순간 때문에 하루의 기적이 온전해진다.

하루의 삶을 온전히 받아들이는 것은 감사의 기도를 통해서 가능하다. 하나님이 내게 족한 하루의 은혜를 주셨다는 감사 고백이 지나간 하루를 온 마음을 받아들이고 내일의 기적을 위한 더 온전한 기대로 이어지게 한다. 그 고백은 하나님에 대한 우리의 온전한 믿음 고백으로 이어지게 한다. 그리고 내일의 하루 기적을 새롭게 기대하게 한다. 가슴 설레는 마음으로 기다리는 새로운 날이 된다.

'저녁이 되고 아침이 되니'의 시간은 잠자는 시간이다

창세기 1장은 6일간 이루어진 하나님의 창조를 묘사한 후에 곧바로 "저녁이 되고 아침이 되니 이는 ~째 날이니라"는 표현이 여섯 번에 걸쳐 반복해서 나온다. 많은 학자들은 이 표현을 두고, 유대인의 하루 개념은 아침부터가 아니라 저녁부터라고 주장한다. 하지만 아침부터 하루가 시작된다는 신학적 반론도 적지 않다. 실제 성경에는 양쪽의 주장을 뒷받침하는 내용이 모두 나온다.

'저녁이 되고 아침이 되니'라는 표현이 실제로 하루의 기적을 사는 삶의 관점에서 어떤 의미가 있는가가 중요하다. 시간의 흐름으로만 보면 저녁이 되며 아침이 되기까지의 시간은 잠자는 시간이다. 그런데 우리는 우리가 깨어 일하고 활동하는 시간은 중요하고 잠자는 시간은 중요하게 여기지 않는다.

우리에게 잠에 관한 관심과 책임감이 있어야 한다. 잠자는 것도 하루의 중요한 일과다. 보통 하루 수면 시간이 8시간이라면 인생의 3분의 1이 잠자는 시간이다. 잠 속에서는 우리가 몸으로 활동할 수 없다. 하나님께서 잠을 주셨으니 그 시간만큼은 활동하지 않는 것이 하나님 뜻이다. 오히려 잠 속에서도 무엇을 하려고 하는 것이 문제다. 그런 문제는 잠에 대한 존중과 배려가 없기 때문에 발생한다.

우리는 잠자는 동안 꿈을 꾸고, 그 꿈은 우리가 깨어 있는 동안 살아가는 삶에 새로운 의미를 더해준다. 꿈은 하나님의 음성을 듣는 통로

이기도 하며 우리 마음의 상태를 전달해주는 메시지이기도 하다. 우리가 꿈을 꾸든 안 꾸든, 우리는 잠에 대해 숙고하고 잠을 잘 자기 위해 준비해야 한다. 좋은 잠을 위해 먹는 것, 일하는 것, 운동하는 것도 적절하게 조절해야 한다. 게으르지도 말고 과로하지도 말아야 한다.

몸의 건강을 위해 잠을 존중하고 제대로 잘 자야 한다

창세기 2장에는 하나님께서 아담을 잠들게 하시고 갈빗대를 취해 하와를 만드신 이야기가 나온다. 성경에 등장하는 최초의 잠 이야기다. 아담의 잠은 하나님의 섭리였고, 그가 잠자는 동안 아담과 하와의 인생이 결정되었다. 잠을 자는 동안, 즉 아무것도 하지 않고 몸과 마음이 쉬는 동안 하나님은 우리를 위해 일하신다. 그런 기대를 가지고 잠자리에 드는 것이 수면에 좋다. 잠에서 깨어나 하루의 기적을 시작할 때, 밤새 하나님께서 내 인생을 결정할 만한 위대한 일을 준비하셨다는 기대감은 하루의 기적을 시작하는 삶에 넘치는 에너지가 된다.

과학적으로 잠을 왜 자야만 하는지는 아직도 부분적으로만 확인된다. 과학의 발전을 통해 잠의 기능과 중요성은 계속 밝혀지고 있는데, 잠은 수명과 연관이 있으며 몸의 건강, 마음 상태, 그리고 성격에도 영향을 미친다. 잠잘 때 몸의 에너지를 절약하는 것으로 여겨졌으나, 실제로는 약 5-10퍼센트 정도의 신진대사를 줄일 뿐이라고 한다. 그 정도의 에너지 절약은 건강에 결정적 영향을 준다. 무엇보다 중요한 것은 수면 중에 성장과 면역, 신경, 뼈, 근육 계통의 회복이 두드러진다는 것이다. 이를 통해 우리가 잠을 어떻게 대해야 하는지 알 수 있다.

하나님은 이 세상을 활동과 비활동, 낮과 밤, 성장과 휴식 등의 원리 속에 만드셨다. 이 원리를 따르는 삶이 최고의 삶이다. 하루의 기적은 하루 일을 마치고 잠을 충분하게 자고 아침에 상쾌한 기분으로 기상하는 것으로 완성된다. 따라서 우리는 잠을 중요하게 생각하고 잘 대해야 한다. 잠을 잘 자기 위한 첫째 원칙은 자는 시간과 일어나는 시간을 지키는 것이다.

잠은 세속의 타락한 빛과의 영적 전쟁이다

성경에서 빛은 진리이고 소망이다. 그런데 이 세상에서는 인간들이 만든 빛이 진리를 왜곡하고 방해한다. 하나님이 만드신 낮과 밤, 활동과 비활동의 원리를 파괴하는 일들을 말하는 것이다. 밤은 휴식과 비활동의 시간인데, 밤하늘이 밝아지면서 생태계 교란, 건강 악화, 천문대 관측 방해, 에너지 낭비, 도덕적 문란 등의 문제가 생겼다. 한마디로 밤은 어두워야 한다는 말이다. 그래서 1980년대 이후로 빛 공해를 줄이려는 별하늘 찾기 운동 등이 생겨나기도 했다.

우리의 생명은 깨어 있음과 잠자고 있음의 조화 속에서 존재한다.

잠을 제대로 못 자면 제대로 깨어 있지 못한다. 이는 삶의 속도를 조절하는 문제이기도 하다. 24시간 일을 하거나 육신의 쾌락을 자극하는 것은 삶을 지나치게 빨리, 너무 많이 달려가는 것이다. 하나님의 속도와 생명의 속도는 하루의 3분의 1은 잠의 휴식 속에서 멈추는 것이다.

안타깝게도 현대 사회의 경쟁 풍토와 쾌락 문화는 밤을 학대하고 남용한다. 하나님의 질서가 파괴되면서 몸의 생태계와 자연 생태계 모두가 무너졌다. 밤은 몸이 쉬고 잠들어야 할 시간이다. 잠들어야 할 시간에 깨어 있다면 질서를 파괴하는 것이다. 쾌락과 과로는 몸의 질서를 교란하고 파괴한다. 밤 문화는 육신의 쾌락과 타락을 상징한다. 그러나 밤은 모두가 잠들고 휴식을 취하며 깨어서 해야 할 일들을 위한 준비 시간이다.

성경은 하나님께서 사랑하는 자에게 잠을 주신다고 말한다. 몸과 마음이 휴식을 취하는 것이 하나님의 섭리다. 그 섭리를 따르면 생명과 건강의 은혜를 누릴 수 있다. 따라서 잠을 통해 역사하시는 하나님의 섭리도 분명하게 이해하고 받아들여야 한다. 잠은 하루의 기적을 사는 흐름에서 매우 중요하다. 잠을 잘 자고 건강을 지키는 것도 하나님의 영광을 위한 것이다. 잠을 경시해서 밤에 다른 일을 하면서 몸과 마음을 학대하지 말고 소중히 여겨야 한다.

평안함으로 하루를 마무리하고 잠자리에 든다

잠을 자는 것은 몸만의 일이 아니라 마음의 일이고 영적인 일이기도 하다. 숙면을 위해서는 잠자리에 드는 마음이 평안해야 한다. 평안은 하루 삶을 어떻게 마무리하느냐에 달려 있다. 하루의 삶에서 미진한 일, 심각한 문제, 억울함, 갈등, 슬픔 등 남아있는 감정을 감사로 마무리하는 것이 최고의 방법이다. 하루 삶의 결과가 어찌 됐든 그 하루는 하나님의 인도하심 가운데 이루어졌기 때문이다.

감사는 받아들이는 것이다. 무슨 일이든 감사하다면 "받아들이겠습니다"라고 고백하는 것이다. 마음을 다한 감사가 반드시 필요하다. 마음을 다한 감사 고백이 쉽지 않겠지만 의지적으로라도 감사 고백을 해야 한다.

하나님이 하루를 허락하시고 인도하셨다는 고백은 우리가 그 하루의 결과에 어떠한 토도 달지 않겠다는 다짐이다. 하나님의 절대주권을 믿고 따르며 의지적으로 고백하는 것이다. 우리 마음은 다 따라가지 못해도 감사 고백을 한 것만으로 하나님은 그 하루를 온전하게 만들어주신다. 의지적인 감사 고백을 반복해서 실천하라. 삶이 바뀐다. 우리가 잘해서 바뀌는 것이 아니라 하나님께 순종함으로 하나님께서 바꿔주시는 것이다. 내 부족한 모습에 갇히지 말고 감사로 고백할 때 하루의 기적을 완성하며 잠자리에 들 수 있다.

5장

하루의 기적은 생활수도사가 되는 삶이다

개신교는 수도원 밖으로 나와 세상에서 세상과 함께 살아가는 영
성을 추구한다. 세상과 구별되지만 자신을 분리하거나 회피하지 않
고 세상으로 들어가 거룩한 영향력을 미치는 삶을 살고자 한다. 그
런데 이 삶에 준비된 틀이 없으면 세상과 구별되지 않으며, 거룩한
영향력을 끼치는 것이 아니라 오히려 세속의 영향을 받고 타락하기
쉽다. 따라서 우리가 생활수도사가 되는 것이 그 근원적인 약점의
해결 방안이 된다. 생활수도사란 수도원 수도사의 기도와 노동의
의미를 이 세상에서 펼쳐가는 사람이기 때문이다.

생활수도사를 꿈꾼다

하루의 기적을 사는 삶의 열매는 짜임새 있는 생활이다. 그 생활이 인생 건축을 위한 한 장의 벽돌이 된다. 생활은 하루를 사는 모습이다. '생활'이 워낙 익숙하고 흔히 쓰이는 일반 용어인지라 그다지 의미있게 다가오지 않는다. 그래서 먼저 하루의 기적을 생활의 관점에서 바라보며 생활의 의미를 새롭게 성찰하고자 한다.

수도원의 수도사를 마음에 떠올릴 때마다 마음의 옷깃을 여미게 된다. 수도원이라는 생활 공간에서 하루를 하나님 앞에서 철저하게 사는 그들의 모습 때문이다. 수도사 생활의 핵심은 기도와 노동이다. 기도는 하나님과의 기본 관계이고, 노동은 하나님 주신 이 세상을 몸으로 대하며 자신과 세상을 향해 관계를 맺는 것이다. 그 두 가지가 수도사 생활의 기본이다.

개신교는 수도원 밖으로 나와 세상에서 세상과 함께 살아가는 영성을 추구한다. 세상과 구별되지만 자신을 분리하거나 회피하지 않고 세상으로 들어가 거룩한 영향력을 미치는 삶을 살고자 한다. 그런데 이 삶에 준비된 틀이 없으면 세상과 구별되지 않으며, 거룩한 영향력을 끼치는 것이 아니라 오히려 세속의 영향을 받고 타락하기 쉽다. 따라서 우리가 생활수도사가 되는 것이 그 근원적인 약점의 해결 방안이 된다. 생활수도사란 수도원 수도사의 기도와 노동의 의미를 이 세상에서 펼쳐가는 사람이기 때문이다.

한국교회 성도들이 자신을 생활수도사로 자리매김하는 것이 신앙과 삶의 분리를 해결하는 출발점이자 마침이다. 한국교회가 생활수도사 운동을 일으키기를 소망하며 기도한다. 이제 생활의 의미를 자세히 살펴보자.

생활이 엉망이면 삶은 뒤죽박죽이다

생활이 제대로 안 되는 사람이 있다. 그 사람의 삶은 엉망이다. 어떤 사람은 생활이 엉망은 아니지만 게으르고 삶의 의지가 없어 보인다. 그 사람의 삶에는 열매가 없다. 어떤 이는 게으르지는 않지만 대충 살아간다. 그 사람은 노력한 만큼 열매가 맺히지 않아 삶의 활기가 떨어진다. 어떤 사람은 아주 느슨하게 생활한다. 그는 삶에서 가끔 생각지 못한 구멍이 생기면 매우 난감해한다.

그런데 어떤 사람의 생활은 성실하고 질서가 있으며 의지도 확실하고 인생 목표도 분명하다. 그는 자기 생활을 관리하는 사람이다. 삶의 열매도 풍성하고 항상 감사와 기쁨이 있다.

성실한 생활은 인격과 신앙 그리고 건강까지 잘 어우러진 삶을 담아내는 그릇이 된다. 살아갈수록 생활의 중요성을 절실하게 느낀다. 요즘처럼 건강을 중요하게 생각하는 시대에는 생활이 삶의 정답이라는 사실을 새삼 깨닫는다. 생활의 중요성은 나이와 상관없다. 어려서 혹은 젊어서 생활의 틀을 잘 세운다면 복된 인생을 사는 최고의 수단을 갖추는 것과 마찬가지다. 하나님이 주신 몸을 책임 있게 관리하는 생활은 기도하고 말씀을 읽는 것만큼 중요하다는 것을 절감한다.

소비자가 자동차, 스마트폰, 냉장고 등 삶의 필수품을 구매할 때면 최종적으로 외형과 디자인을 보고 결정한다. 제품의 기능은 약간씩 차이가 있지만 기술이 발달한 지금은 거의 대동소이하기 때문이다. 우리 삶의 최종 외형과 디자인이 바로 생활이다. 우리 삶의 본질이라고 할 수 있는 신앙과 인격이 아무리 훌륭해 보이고 가치가 있다 하더라도 생활이 제대로 되어 있지 않으면 삶의 틀이 없는 것이며, 형편없는 디자인의 제품과 같다. 그 삶은 결국 밑 빠진 독에 물 붓기가 된다.

생활의 질이 삶의 수준을 결정한다. 하루의 기적은 그 생활의 틀을 마련하는 것에서 시작된다. 생활의 틀은 흔들리지 않고 금이 가지 않는 든든한 틀이다. 틀을 만들고 그 안에 넣을 것을 넣으면 하루의 기적이 완성된다.

마음을 조정하는 건 생각이 아니라 몸이다

걸음을 걸을 때 우리 시선은 보통 정면을 향한다. 그렇더라도 돌부리에 걸려 넘어지거나 몸의 균형을 잃지 않기 위해 땅을 의식하며 걷는다. 보통 사람들이 걷는 자세는 얼핏 보기에는 군인의 자세와 비슷하게 느껴지지만 서로 다르다. 군인은 차렷 자세에서 어깨를 펴고 시선을 상방 15도로 향한다. 푸른 하늘과 산꼭대기가 보이고 구름을 바라보려 허리를 곧게 펴고 걷는다. 멀리 보기 시작하자 먼 곳이 보이기 시작한다.

놀랍게도 먼 데가 보이면서 마음도 멀리 생각하게 되고 인생도 먼 훗날을 보기 시작한다. 내 마음이 눈앞의 문제를 가지고 쓸데없는 씨름을 하지 않게 된다. 신기하다. 정말 신기하다. 오늘보다는 내일을, 내일보다는 몇 달 후를 생각하게 된다. 내 인생 전체를 위한 인생 비전에 초점을 맞추고 하나님의 역사를 소망하게 된다.

내 일상에서의 작은 시선 변화가 마음을 바꾸고, 인생의 목표를 위한 삶의 자세를 바꾼다. 이쯤되면 너무나도 신기한 그러나 간단하게 이루어지는 마음의 변화를 견인하는 것이 도대체 무엇인지 궁금해진다. 바로 몸이 마음을 움직이는 것이다. 우리는 깊은 생각에 잠기면 보통 고개를 숙인다. 그러다 생각이 정리되면 비로소 고개를 들고 먼 곳을 바라본다. 해답을 찾았다는 표시다.

살다보면 생각에 잠길 때가 있다. 문제 때문에 고민하기도 한다. 인생이란 원래 늘 문제와 함께 사는 것 아닌가. 그런데 고개를 숙이면서 내 생각의 세계로 들어가 그 안에 갇혀버리기도 한다. 물론 생각 끝에 내 안에 있는 경험과 많은 깨달음에서 답을 찾으면 그것을 들고 다시 밖으로 나간다. 그것이 고개를 들고 시선이 높은 곳을 향하는 이유다.

늘 고개를 숙이고만 있다면 분명히 문제가 된다. 생각에 갇히기 때문이다. 생각은 늘 필요하지만 그 안에 갇혀서는 안 된다. 우울증이나 극단적 선택 등이 자기 생각에 갇히는 경우다. 그때는 고개를 들면 된다. 답을 찾았다는 몸짓이다. 당장 생각이 나지 않아도 내 인생의 답이 어딘가에 있다는 소망의 선언이다. "네 꿈을 펼쳐라 네 맘을 열어라"라는 노래 가사가 생각난다. 그 노래 가사보다 더 좋은, 더 쉬운, 더 먼저 취해야 하는 태도가 있다. 고개를 드는 것이다. 그러니 고개를 들라. 창문을 열고 하늘을 보라. 그러면 마음이 저절로 열리고 꿈도 저절로 꿔진다.

하나님이 우리 몸을 그런 원리로 만드셨다는 사실이 참으로 놀랍다. 고개를 들 때 보이지 않는 하나님을 생각하도록 우리 몸을 만드셨다!

내가 산을 향하여 눈을 들리라 나의 도움이 어디서 올까 나의 도움은 천지를 지으신 여호와에게서로다(시 121:1-2).

고개를 들어 산을 바라보는 태도가 하나님의 도움을 깨닫게 한다. 그러니 몸을 바로 하는 생활을 세워가자. 이제 고개를 들고 먼 곳을 보며 살자. 모든 걱정과 두려움과 불안이 사라질 것이다.

생활의 시작은 생각에서 빠져나와 몸으로 움직이는 것

우리는 정보의 홍수 속에서 산다. 스마트폰을 통해서 수많은 소식을 접하고 사람을 만날 때마다 듣는 이야기도 많다. 들으면서 '좋다! 맞아! 그래야지! 그렇구나!' 등 맞장구를 칠 때도 많다. 걷기가 건강에 좋다는 설명을 들으면 '맞아 나도 걸어야지' 하고, 어떤 음식이 건강에 좋다는 말을 들으면 '이제 그 음식을 챙겨 먹어야겠다' 하고 마음먹는다. 어디 가면 좋은 옷을 싼 가격에 살 수 있다는 이야기도 듣는다. 좋다는 정보를 끝도 없이 접하지만, 과연 그런 이야기 중에 내가 실천하는 것은 얼마나 될지 궁금하다. 열 개 중 하나나 될까?

우리 머릿속에는 좋은 것들이 가득 차 있다. 그런데 머리에 쌓아만 두고 실천하지 않다보니 머리에 고인 물이 되어버렸다. 그저 들은 이야기를 다른 곳에 가서 옮기는 게 전부다. 신이 나서 자랑스럽게 이야기하지만 듣는 사람들도 이미 들어서 아는 이야기가 대부분이다. 고인 물에서 나오는 이야기는 듣는 사람에게 별 도움도 안 되고 유쾌하지도 않다.

듣기만 하고 실천하지 않는 것은 우리의 못된 습관이다. 아는 것을 실천하지 못할 때 지식은 그저 지식으로만 남는다. 실천하지 못한다면 그 지식을 버리는 게 차라리 낫다. 아는 것으로 만족하고 지식으로만 자랑하는 나쁜 습관이 되기 때문이다. 아는 것에 빠져 사는 삶은 아는 대로 살지 못하는 삶으로 고착된다. 모르느니만 못한 꼴이다.

필요하다고 생각하면 행하는 것이 맞다. 그런데 왜 행하지 않을까?

우리의 게으름이 원인 중 하나다. 게으름은 생각에 머물러 갇혀 있는 모습이다. 만약 생각에 머물지 않고 몸으로 사는 생활을 원한다면 기도가 그 해답이다. 우리의 의지도 필요하고 노력도 필요하다. 누군가와 함께 하는 것도 도움이 된다. 하지만 결론은 내가 몸으로 사는 주체가 되어야 한다는 것이다. 삶은 누가 대신해 주지 않는다. 내 삶의 책임은 나에게 있다. 문제는 죄악된 성품을 가진 우리 자신이다. 그럴 능력이 없기 때문이다. 탈출구는 오직 무시로 성령 가운데 기도하는 것뿐이다.

무시로 성령 가운데 기도하는 것은 생활 습관을 만들어가는 필수 과정이다. 마음판에 말씀을 새기는 것은 반복 훈련을 통해서 이루어진다고 앞서 말했다. 마음 판에 새겨야 비로소 몸의 습관으로 이어진다. 습관으로 만드는 행동을 하나씩 더해가면 습관 덩어리가 만들어진다. 이것이 영성의 핵심이다.

하루의 기적은 우리에게 주시는 하나님의 선물이다. 매일 그 선물을 받아 누릴 수 있다면 감사할 일이다. 생활은 하루 기적의 삶을 살아가는 틀이다. 나는 오늘도 하루의 기적으로 새로운 믿음의 인생을 세워가고 있다.

생활수도사는 영적 습관의 실천가다

습관이 생기면 흐트러져도 넘어지지 않는다

우리가 살아가다보면 삶에서 흐트러지는 때가 있다. 기도를 빠뜨리거나 운동을 건너뛴다. 먹는 것도 절제하지 않고 생활에 게을러진다. 그게 며칠 계속되면 삶이 무너지기 쉽다.

나는 하루 기적의 삶을 살기 시작하면서 분명하게 달라진 것이 있다. 그중 하나가 기도 생활이다. 이전에는 기도 생활이 흐트러지면 그냥 무너져 기도 생활을 다시 시작하는 데 시간이 오래 걸렸다. 기도를 다시 시작하기까지는 아침에 일어난 후 생각이 떠오르는 대로 움직인 것 같다.

그런데 하루 기적의 삶을 실천하면서부터 잠시 흐트러졌다가도 새벽의 기적 순서를 기억하고, 곧바로 다시 기적의 삶을 시작할 수 있었다. 첫 기도로 말씀을 암송하면서 내 마음을 하나님으로 채우는 게 습관적으로 이루어졌다. 흐트러지다가 기도해야 한다는 마음을 다시 갖기 시작하자 하나님을 채우는 기도가 떠올라 그 기도를 그대로 하면서 다시 시작할 수 있게 되었다. 이것이 삶에서 달라진 내용이다. 간절한 마음이 준비되었건 아니건 습관적으로 기도할 수 있다는 게 감사하다. 그렇게 습관적으로 기도를 다시 시작하자 마음을 쉽게 바로잡았고, 흐트러진 삶을 정리하고 제자리로 돌아오는 게 빨라졌다. 하루 기적의 삶이라는 달리는 말에 올라탄 것이다.

영성은 습관 신앙이다. 습관을 통해 하나님과의 관계를 지속적으로 다져가면서 하루의 기적을 사는 것이 삶의 소중한 과제가 되었다. 지금은 하루의 기적으로 족한 것이 아니라 그 하루를 매일 반복하여 이 세상을 떠나는 날까지 이어지는 습관으로 만드는 것이 인생 목표가 되었다. 바울은 '내가 날마다 십자가에 죽노라'라고 고백했다. 열 달 혹은 평생 죽어야 한다고 말하지 않았다. '날마다'는 그날 하루의 십자가만 생각하고 살되 그것을 매일 그리고 평생 반복한다는 의미다. 하루 십자가를 지고 순종하는 마음을 달라고 기도하면 된다. 하루의 기적을 사는 것도 날마다 이루는 거룩한 습관이 되기를 기도한다.

습관 형성을 위한 3단계

거룩한 습관을 형성하기 위해, 앞서 이미 짧게 언급한 바 있는 습관 형성 원리를 좀 더 자세히 소개하고자 한다.

MIT 공대 연구진의 쥐 실험을 통해 밝혀진 바에 의하면, 습관은 신호(cue)-반복 행동(behavior)-보상(reward)의 3단계를 통해 형성된다. 신호는 습관 행동을 생각나게 하고 시작하게 하는 자극이다. 신호가 반복적으로 주어지면 자연스럽게 반복 행동이 이루어지고, 반복된 행동의 결과로 보상을 경험하면 그 행동은 비로소 습관이 된다.

　　연구진은 T자형 미로를 만들어 맨 밑에 쥐를 넣고 칸막이로 가두었다. 그리고 T자 위의 왼쪽 구석에 초콜릿을 놓았다. 먼저 '달칵' 소리를 들려주면서 칸막이를 열면 쥐는 밖으로 나가 여기저기 살피다 초콜릿을 발견한다. 처음에는 냄새를 맡으며 길을 찾는 데 시간이 제법 걸렸다. 그런데 달칵 소리를 듣고 칸막이를 넘어 초콜릿을 찾아가는 과정을 수백 번 반복한 후에는 칸막이를 열자마자 쉽게 초콜릿을 찾아가는 습관이 형성되었다.

　　여기에서 칸막이를 여는 달칵 소리가 쥐의 습관 행동을 위한 신호다. 그리고 칸막이가 열리면 초콜릿을 찾아가는 행동이 반복적으로 이루어진다. 마지막에 초콜릿을 찾아 먹는 행동이 보상으로 경험된다.

　　이처럼 습관 형성에는 신호, 반복 행동, 그리고 보상이라는 세 가지 요인이 작용한다. 이제 하루의 기적을 습관으로 만들기 위해 자신에게 유의미한 신호, 반복 행동, 보상이 무엇인지를 분명하게 확인해볼 필요가 있다.

습관을 강화하려면 열망과 믿음을 추가하라

습관 형성에 도움을 주는 요소가 두 가지 더 있다. 바로 열망과 믿음이다. 열망은 보상 경험을 향한 강력한 욕구를 뜻한다. 위의 실험에서 쥐의 반복 행동이 어느 정도 이루어진 후에 쥐에게 덜컥 소리를 들려주고 칸막이 문을 열어주지 않자 쥐가 사나워졌다. 쥐가 덜컥 소리만 들어도 초콜릿을 먹는 보상을 떠올리고 그 보상을 강렬하게 원하는 열망을 갖게 된 것이다. 이 열망이 있으면 습관 형성이 더 확실해진다.

습관 형성에 도움이 되는 또 하나의 중요한 요소는 믿음이다. 습관 형성 연구에 의하면, 습관이 형성되어도 스트레스 상황이 발생하면 과거의 잘못된 습관으로 되돌아가는 경우가 많다고 한다. 담배를 끊었던 사람이 스트레스가 많아지면 다시 담배를 피우는 경우가 그렇다.

그런데 알코올중독자들 모임에 관한 연구에서, 스트레스 상황이 발생했음에도 불구하고 금주 습관을 계속 지켜나가는 사람들이 있다는 사실이 새롭게 발견되었다. 그들의 금주 습관을 지켜준 요인은 다름 아닌 믿음이었다. 술을 다시 마시고 싶은 생리적 혹은 심리적 욕구가 발생해도 자신이 계속 금주할 수 있다는 일종의 믿음 혹은 자기 확신이 금주 결심을 이어나가게 했다는 것이다. 그런데 그 믿음은 자기가 속한 공동체로부터 온다. 공동체 구성원의 기대, 지지, 격려 등이 그대로 자신의 믿음을 지키고 계속 유지하려는 동기로 작동하기 때문이다.

신앙인에게 이 믿음은 하나님의 도우심에 대한 믿음 혹은 하나님이 내가 술 끊는 것을 기대하신다는 믿음도 포함한다. 이 믿음은 스스로 갖는 것이 아니라 공동체 환경으로부터 온다. 자기가 원하던 공동체에 속해 있을 때 그런 믿음이 발생하고 그런 믿음이 힘을 발휘한다. 신앙 공동체에 속해서 믿음의 사람들과 어울리고 교제하며 살아갈 때 하나님에 대한 믿음과 자신에 대한 믿음이 강화된다.

요약하면, 습관 형성과 관련한 주요 개념은 신호, 반복 행동, 보상, 열망, 믿음, 그리고 공동체다. 하루의 기적을 살아가는 습관 형성을 위해 이 내용을 잘 적용하는 것이 과제다.

하루의 기적을 이루어가기 위해 습관을 만든다

　　새벽의 기적을 살아가는 행동을 습관으로 만들기 위해 습관 형성의 요인인 신호, 반복 행동, 그리고 보상의 개념을 적용하고자 한다. 새벽에 일어나는 습관은 일어나기, 묵상, 기도, 말씀 읽기, 인생 목표 선언하기 등의 과정을 모두 포함한다. 이 행동들을 습관으로 만들기 위해 무엇을 신호로, 어떤 행동을 반복 행동으로, 또 무엇을 보상으로 생각하느냐를 정확히 알면 습관 형성에 도움이 된다.

　　새벽의 기적을 사는 행동은 여덟 가지다. 습관 형성을 위해 새벽의 여덟 가지 내용을 크게 둘로 나누었다. 하나는 아침에 일어나 잠에서 깨는 것이고, 다른 하나는 말씀 묵상과 함께 이어지는 모든 내용이다. 그러니까 새벽의 기적을 살기 위해서는 새벽 시간에 맞추어 일어나는 습관과, 일어난 후 실천하는 습관을 만들면 된다.

생활수도사로 사는 하루의 기적

새벽에 일어나는 습관 형성을 위한 신호를 만든다

첫째로, 새벽에 일어나고 몸과 마음이 잠에서 확실하게 깨는 습관을 형성해야 한다. 이를 위해서는 일어나는 습관을 위한 신호를 찾아야 한다. 보통 사람들에게는 알람이 일어나는 행위의 신호가 될 수 있다. 그러나 알람만으로 충분하지 않다. 그래서 더 강력한 신호가 필요하다.

내가 발견한 신호를 소개한다. 하나님이 가르쳐주신 비법이다. 모순된 이야기 같지만 내가 스스로 신호가 되기로 했다. 알람은 습관 위한 신호의 신호다. 내가 만든 신호는 알람 소리를 듣자마자 두 눈을 활짝 뜨고, 두 팔을 번쩍 치켜들고, 하나님을 부르면서 감사 기도를 드리며, 하나님 만세 삼창을 외치는 일이다. 2장에서 언급한 것처럼 나는 그것을 잠에서 깨어 일어나는 행동을 위한 신호로 삼기로 했다. 내가 나에게 신호가 되는 것이다. 솔직히 말하면, 이 신호는 나에게 굉장히 신나고 효과적인 자극이다.

신호는 습관 행동을 촉발하는 자극이다. 새벽에 몸과 마음이 깨어 잠자리에서 일어나는 행동을 시작하게 하는 것이다. 몸과 마음이 잠에서 깨기 위해서는 움직여야 한다. 내 경험에 의하면, 잠자리에서 잠을 깨우는 데 최고의 효과를 만들어낼 수 있는 가장 좋은 행동은 두 팔을 치켜들고 하나님을 부르는 간단한 움직임이다. 이 행동은 마음에도 극적 효과를 주기 때문에 깨는 데는 훌륭한 자극이 된다. 올림픽에서 금메달을 획득하고 기뻐 뛰는 사람을 생각하면 된다. 최고의 에너지가 나타나는 순간이다. 두 팔을 치켜들고 만세를 부르고 환호하며 승리를 만끽하는 웃음이 얼굴에 가득하다. 팔을 들면 신기하게도 저절로 얼굴에 미소가 생긴다. 잠에서 깨면서 두 손을 치켜들고 하나님께 감사의 고백을 외치는 것은 새벽에 일어나는 것이 유쾌하고 기대할 만한 신호로 각인된다.

새벽에 일찍 일어나고 싶다면 자신에게 효과적인 신호를 찾으라. 자기가 좋아하는 복음성가나 찬송가 혹은 클래식 음악으로 알람을 설정해놓고 그 음악을 따라 부르는 것을 신호로 삼아 일어날 수 있다. 또는 알람 소리를 듣고 침대에 누운 채로 간단한 체조를 하는 것도 잠을 깨우는 좋은 방법이다. 생각만 하면 자다가도 벌떡 일어날 만한 사랑하는 사람이 있다면 배우자든 자녀든 아니면 손주든 그 사람을 떠올리면 된다. 잠에서 깨기 위한 신호는 내가 만들 수 있다. 내가 가장 쉽게 반응할 수 있는 신호를 찾으라.

새벽에 일어난 후에 하는 모든 과정은 행동 덩어리다

이제 우리가 할 일은 잠자리에서 일어난 후에 새벽의 기적 설계도의 3면부터 8면까지 나오는 모든 과제를 습관으로 만드는 것이다. 마음을 비우고 하나님으로 채우기, 인생 목표 선언문을 외워 선포하기, 몸과 마음과 영혼의 치유를 위한 기도 하기, 매일 다섯 편씩 시편 읽기, 하루의 과제 점검하기, 운동하기, 그리고 마지막으로 새벽의 모든 과정을 마치면서 감사 기도 하기다. 여기서 운동을 제외하고는 한자리에서 이어서 할 수 있기 때문에 하나의 덩어리(chunking) 습관으로 간주한다.

"떡 본 김에 제사 지낸다"라는 속담이 있다. 필요하다고 생각될 때 하고자 하는 일을 실천한다는 뜻이다. 습관으로 만들기 원하는 여러 가지를 이어서 진행하면 쉽게 할 수 있다. 여러 내용이 하나의 행동 덩어리가 되면 습관으로 만들기 쉽다는 말이다.

습관은 보상이 따를 때 형성된다. 새벽 신앙 훈련은 하나님의, 하나님에 의한, 하나님을 위한 삶의 훈련이다. 내가 그 삶을 매일 살아간다는 사실 자체가 하나님으로부터 오는 보상이다. 내 안에 하나님을 채움으로 주님이 내 삶의 주인이 되시는 삶을 살아간다. 하나님이 원하시는 내 인생의 목적을 확인하고 한 걸음씩 달려간다. 하나님의 은총을 기대하며 간구하는 기도로 그 삶을 든든히 세워간다. 특히 매일 다섯 편의 시편 말씀 묵상을 통해서 얻는 말씀의 깊은 은혜와 깨달음은 매일 주어지는 최고의 보상이다.

내가 새벽에 일어나면서 받는 가장 큰 보상은 준비된 마음이다. 만만치 않은 세상을 살아갈 수 있는 능력과 확신을 위해 내 마음을 하나님으로 채운다는 사실이 너무나 좋고 감사하다. 내가 이루고 싶은 인생의 목표를 날마다 확인하면서 그 목표를 향해 한 장의 벽돌을 쌓아간다는 사실도 감격스럽다. 간단한 체조와 스트레칭으로 몸을 관리하고 건강을 챙긴다는 것도 유쾌한 일이다.

새벽에 기도하는 것도 중요하지만 그 이후 하루를 어떻게 살아갈 것인가에 대한 구체적인 계획과 구상도 중요하다. 어떻게 보면 이것이 더 중요하다. 왜냐하면 새벽부터 열심히 기도하고도 하루 삶을 엉망으로 산다면 기도가 무의미해지기 때문이다. 하루 계획은 삶의 모든 시간을 유익하게 만들어준다.

기도의 삶과 일상생활의 흐름은 서로 일치되고 연결되어야 한다. 새벽기도를 드리는 마음으로 하루의 삶을 살아야 한다. 새벽과 아침에 몇 분 동안 기도하고 집중하며 사는 것처럼, 온종일 살아가는 삶도 영적 계획과 흐름을 갖고 있어야 한다.

나인 투 파이브의 기적과 마음 성경 지도

나인 투 파이브의 기적을 습관으로 만들기 위해서는 마음 성경 지도를 즐겨 활용해야 한다. 날마다 여행을 떠나듯 즐기면 된다. 마음에서 애굽, 광야, 가나안, 예루살렘, 갈릴리를 역동적으로 오가며 하나님과의 여행을 즐기면 습관이 만들어진다. 순간마다 내 삶의 자리를 확인하고 하나님의 뜻을 따라 내 마음을 조정하는 것이 영적 전율을 경험하는 비법이다.

여행이 항상 즐거운 것은 아니다. 몸이 지치고 음식이 마땅치 않을 수 있다. 새로운 감흥이 생기지 않을 수도 수 있다. 그럴 때는 하루 여행을 마치고 여행을 돌아보는 즐거움을 만들라. 하루 여행의 추억을 만들 듯 하루를 돌아보며 정리하는 것이다. 내가 치열한 삶 속에서 마음 지도 정치를 통해 여행을 잘 마치고 의미 있는 순간을 만들었다는 것이 보람이 된다.

가족과 함께함을 즐기고 영성 일기로 하루를 마무리하라

저녁에 집에 돌아와 가족과 함께 저녁 식사를 하는 것을 기대하고 마음껏 즐기라. 치열한 사회 경쟁의 분위기 속에서 워라밸(Work and Life Balance)을 사는 여유로운 마음을 가지면 가족과 함께하는 저녁 시간이 가능해진다.

가족과의 시간은 사회생활에서 만나는 동료나 친구와는 다른 즐거움이다. 내 인생의 든든한 지원군의 존재를 확인하고 마음의 안정감을 확보하는 일이다. 내가 가족의 든든한 지원군이 됨을 알려주는 것도 내 인생의 보람이자 자부심을 느끼는 일이다.

영성 일기는 하루 기적의 삶을 스스로 칭찬하고 하나님 앞에서 그 삶을 최종적으로 인정받는 일이다. 또한 하루의 기적을 마무리하는 작업이다. 영성 일기를 쓰면서 시상대에 올라 하루의 기적을 완성했음을 축하하는 상장을 받는 기분을 느낄 수 있다. 쌓여가는 영성 일기는 내 기적의 삶을 보여주는 건축물이다. 또한 건축물이 완성되어가면서 여기까지 함께하신 에벤에셀의 하나님을 보여주는 기념비다.

습관 속에서 열망을 키우고 공동체에 속하라

　매일 새벽을 철저하게 지켜가는 중에도 인생이 지루하다고 느낄 때가 있다. 그 지루함을 극복해야 습관이 지속된다. 새벽 기적의 삶에 대한 열망이 있으면 지속하는 일이 가능하다. 열망은 새벽에 하나님과 교제하며 얻어지는 보상을 반드시 누리겠다는 간절함이다.

　열망은 보상 경험이 만들어준다. 날마다 체험하는 구체적인 은혜가 보상 경험이다. 새벽에 일어나는 삶이 계속된다는 사실에 자부심을 느끼고 감사하라. 성경 말씀을 핵심적으로 활용하는 치유 기도를 통해 몸과 마음과 영혼이 건강해지는 체험을 쌓아가라. 인생 목표를 날마다 확인하면서 목표 성취에 대한 간절함이 커지고, 목표가 구체적으로 이루어져가는 것을 보며, 하나님이 그 목표를 원하시며 이루어주신다는 확신이 더해가는 것을 날마다 경험하라. 이 모두가 보상 경험이다.

　그럼에도 불구하고 광야 같은 인생을 살다보면 열망이 식고 습관도 무너질 수 있다. 그럴 때 열망이 무너지지 않도록 붙들어주는 것이 바로 공동체다. 주위에 있는 믿음의 형제와 자매들이 힘이 되고 울타리가 되어준다. 흔들림을 붙잡아주고 슬픔을 함께 나누며 승리를 함께 기뻐한다.

공동체는 내 경험과 내 믿음의 한계를 넘어서는 도움을 준다. 이것이 우리가 속한 공동체를 존중하고 위하여 헌신해야 하는 이유다. 알코올중독자 모임이 공동체의 힘을 증명해준다. 알코올중독자들은 그 모임에 계속 참여하면서 자신이 금주를 지속할 수 있다는 믿음을 갖게 된다. 자신과 같은 처지의 사람을 지켜주고 도와주어야 한다는 사명감도 생긴다. 나 자신만을 위한 삶이 아니라 남을 위한 수고와 헌신의 마음이 역설적으로 나를 건강하게 지켜주는 것이다. 그래서 교회 공동체가 중요하다. 교회에서도 내가 정기적으로 참석하는 기도 모임 혹은 구역 모임이 있으면 도움이 된다.

더 큰 목표를 향한 설렘으로 습관의 지루함을 극복하라

인생은 먹고 일하고 쉬고 자는 삶의 반복이다. 동일한 삶의 반복은 지루함을 동반하고 매너리즘에 빠지게 하며 삶의 열정과 기쁨을 잃어버리게 만든다. 성숙하고 건강하면서도 즐거운 인생을 사는 비결은 반복의 새로움을 경험하는 것이다.

늘 반복되는 일상을 매번 새롭게 경험하려면 매 순간의 일상 행동에서 의미를 찾아야 한다. 재미있는 영화는 끝날 때까지 지루하지 않다. 영화의 흐름에 긴장감이 있고 그 긴장감은 결말에 대한 기대감과 궁금증으로 이어지기 때문이다. 벽돌을 한 장씩 쌓으면서 최종적으로 완성될 건축물을 상상하면 지루하지 않다. 새벽의 기적을 매일 살아내는 순간마다 먼 훗날 이루어낼 인생의 목표를 상상하라. 하늘의 에너지가 쏟아지고 마음에는 열정이 솟아난다.

> 여호와의 인자와 긍휼이 무궁하시므로 우리가 진멸되지 아니함이
> 니이다 이것들이 아침마다 새로우니 주의 성실하심이 크시도소이다
> (애 3:22-23).

인생 목표가 완성되어가는 것을 보며, 하나님께 영광을 돌리고 나도 그 영광의 자리에 함께하는 복을 누리는 것을 상상하며 감동을 느껴보라. 그 감동 속에서 어제의 반복과 오늘의 반복이 다르게 느껴진다. 어제 놓은 벽돌 한 장이 오늘 놓은 벽돌 한 장과 크게 다르지 않지만, 그 벽돌이 놓이는 곳은 매일 달라진다. 그 작은 다름이 우리의 가슴을 뛰게 한다. 시작이 있고 방향이 있으며 완성을 향해 가는 움직임이 있다. 어제는 쌓인 벽돌이 한 개였지만 오늘은 두 개가 된다. 그것이 계속 쌓이면 기둥이 올라가고 건물이 세워진다.

명심하라. 어제와 동일한 반복을 빠뜨리지 않고 오늘도 똑같이 해내는 것이 실력이다. 환경은 날마다 예고 없이 변한다. 바람이 불고 천둥이 몰아치기도 한다. 반복의 일상을 그대로 놔두지 않는다. 그럼에도 불구하고 집이 제대로 지어지려면 어제 만들어 굽고 쌓아올린 반듯한 벽돌을 오늘도 차질 없이 튼튼하게 만들어 쌓아야 한다. 다만 그것이 놓

이는 장소가 매일 새로울 뿐이다. 반복의 지루함을 즐거움으로 바꾸라. 가슴 설렘으로 삼으라. 이것이 반복 행동이 얻는 보상이며, 습관 형성의 핵심이다.

에필로그

이 책을 마무리하면서 수도사의 모습이 다시 머릿속에 떠올랐다. 수도사는 세상과는 분리된 수도원에서 순복, 청빈, 독신의 삶을 철저하게 살아간다. 수도원 대부분이 엄격한 생활 규칙을 갖고 있다. 어떤 수도원은 군대보다 더 엄격해서 수도사들이 중간에 떠나기도 하며 한 번 떠나면 다시 들어갈 수 없다. 하지만 비교적 느슨한 생활 규칙으로 살아가는 공동체도 있다. 자동차, 전화, TV 등 문명의 이기를 사용하지 않는 아미쉬(Amish) 공동체가 그렇다. 메노나이트(Mennonite) 공동체는 문명의 이기를 사용하면서, 본질에서는 엄격하지만 비본질적인 것은 비교적 자유롭고 서로 사랑을 강조하며 지내는 공동체다.

이 책이 수도사를 염두에 두고 쓴 책은 아니지만 몸과 마음을 다해 하루 생활을 철저한 계획을 따라 산다는 점에서 수도사의 영성을 생각하게 된다. 하루의 기적이 추구하는 하루 생활은 수도사가 매일 생활

규율을 따라 훈련하며 살아간다는 점에서 다르지 않다.

생활수도사. 그렇다. 규율을 지키지 못하면 벌을 받는 규율은 없지만, 자신의 영적 성숙을 위한 규칙을 스스로 세워서 산다. 나는 예수를 믿는 사람들이 이 책을 읽고 수도사의 모습을 마음에 담고 그 삶을 하나씩 만들어갔으면 좋겠다. 하나님 앞에서 온전한 하루의 삶을 살겠다는 신앙을 가진 하나님 자녀가 되는 것이다. 하루 24시간의 생활을 철저하게 계획하고 살아가며 자신의 영성을 관리한다면, 그가 바로 생활수도사다.

생활은 삶의 틀이자 영성의 토양이다. 복되고 풍성한 인생을 세워가는 삶의 기초다. 생활을 배워 삶을 건축해야 인생이 세워진다. 그 생활을 흐트러뜨리지 않고 열매 맺는 건강한 삶의 습관으로 만들어가기 위해 나는 매일 다음과 같이 기도한다. 나는 이 기도를 '하루 생활 기도'라고 부른다.

하나님 아버지! 새벽 알람이 울리는 4시 30분에 가뿐한 몸으로 일어나 하나님이 주신 하루 24시간의 기회를 감사의 고백으로 시작하게 하소서. 하루의 기적을 날마다 이루어가는 동안 피곤치 않고 독수리가 날개 치며 올라감과 같은 활기와 기쁨이 넘치게 하소서.

내가 걸음을 걸을 때마다 허리를 꼿꼿이 세우고 어깨를 활짝 펴고 시선이 상방 15도를 향할 수 있게 하소서. 나의 눈이 푸른 하늘의 뭉게구름과 먼 산의 숲이 맞닿는 아름다움을 느끼며 마음속 어두운 그림자를 지우게 하시고, 온 우주를 품은 자신감을 심장 가득히 채우게 하소서.

하나님! 오늘 하루도 매끼 식사를 허락해주셔서 감사합니다. 상에 차려진 음식을 먼저 눈으로 보고 즐기게 하소서. 반찬을 하나씩 먹을 때마다 맛을 깊이 느끼게 하시고 조급하게 먹지 않게 하시며 입에서 천천히 오래 씹게 하소서. 음식물을 삼키고 난 후 위에서 소화가 잘 되게 하시고 위와 소장과 대장에서 그 모든 영양분이 몸에 잘 흡수되게 하시어 혈관을 통해 온몸에 전달되어 최상의 건강을 유지하며 살게 하소서.

하루의 삶에서 몸을 위한 운동 시간을 반드시 갖게 해주시되 하루라도 거르거나 미루지 않게 하소서. 걷는 운동은 평소 걸음보다 10센티미터 더 넓은 보폭으로 걷게 하셔서 몸의 근육 운동과 피의 순환에 도움이 되는 운동이 되게 하소서. 집중해서 복식 호흡을 하게 하시고 청량한 숲의 공기를 마음껏 호흡하게 하소서. 근육 운동과 체조도 빠뜨리지 말고 하게 하시고, 영적 싸움을 통해 게을러지고 싶은 육신의 요구에 지지 않게 하소서.

말씀을 읽는 새벽이 하늘의 음성을 듣는 시간이 되게 하시며 내 마음을 쏟아놓고 하나님께 부르짖는 시간이 되게 하소서. 집중해서 책을 읽고 글을 쓰게 하시어 보람을 느끼는 시간이 되게 하시고, 내 믿음의 인생을 알릴 수 있는 도구가 되게 하소서. 주어진 과제에 집중할 수 있는 체력을 주시고 건강을 잘 단련하게 하시어 지치지 않고 곤비치 않게 하소서.

가족은 내가 우선 돌보아야 할 사람들인 것을 알고 사랑과 평안한 마음과 상냥한 말로 대화하게 하시고, 가족들의 필요에 관심을 갖고 대화하게 하소서. 누구를 만나든지 기쁨으로 사람을 맞이하되 항상 웃는 얼굴로 사람을 대하게 하소서. 모르는 사람에게도 주님의 사랑으로 먼저 다가가 말을 걸며 그 사람의 필요를 채우는 대화가 되게 하소서. 아무리 중요한 일을 하고 필요한 사람을 만난다 해도 생활의 틀을 깨뜨리지 않는 지혜를 터득하게 하소서.

어제 살아온 하루 기적의 삶을 오늘도 성실하게 살게 하시고, 내일은 더 나은 삶을 살 수 있는 믿음과 지혜를 주소서. 하루 기적의 생활이 가슴 설레는 즐거움이 되게 하시고 날마다 그 즐거움의 열매를 수확하는 기쁨도 누리게 하소서. 우리 생활의 모범이 되시는 예수님의 이름으로 기도드립니다. 아멘!

하루 생활 기도는 우리가 평상시에 드리는 기도와는 좀 다르다. 내 몸의 자세, 먹는 것, 운동하는 것, 말씀 읽는 것, 가족과 대화하고 사람을 만나는 것 등 일상의 반복되는 삶을 위한 기도다. 깊이 있는 깨달음이 아니며, 평소에 아무 생각 없이 하던 행동들을 돌아보며 드리는 기도다. 행함이 없는 믿음의 문제를 해결하는 기도다. 이 기도에 우리 영성의 비밀이 숨어 있다. 말씀대로 살지 않는, 아니 살지 못하는 이유가 바로 일상 생활에 있기 때문이다. 그 생활을 제대로 살면 삶의 틀이 만들어지고 영성의 토대도 세워진다.

위의 기도가 길어 보이지만 하루 생활의 일부일 뿐이다. 자세히 생활을 살피면 기도할 제목이 훨씬 많다. 자신의 삶을 돌아보며 삶의 다양한 측면을 일일이 찾아서 기도하면 놀라운 은혜를 경험할 것이다. 하루 생활을 촘촘하게 만들어가는 것이 삶과 영성에 결정적으로 중요하기에 반드시 그렇게 살게 해달라고 하나님께 도움을 청하는 기도를 해야 한다. 그렇게 살 수만 있다면 얼마든지 오래 기도할 수 있다.

생활의 의미를 다시 성찰하고 그 생활을 익히고 영성을 구축하고 삶을 세우자. 우리 나이가 얼마든 상관이 없다. 생활을 철저하게 그러나 여유 있게 하나씩 새롭게 배우고 실천해가면 영성이 만들어지고 풍성한 삶이 건축된다.

이 책을 펼칠 때마다

생활과 묵상. 이 책을 다시 펼치며 내 삶을 성찰할 때마다 마음에 떠오르는 두 단어다. 이 책은 제주 공동체에 머무는 과정에서 시작되었다. '생활'은 내 인생에 새롭게 등장한 아주 익숙한 단어다. 평범한 일상

생활이 삶과 영성의 뼈대가 된다. 그 생활은 하나님의 은혜를 담아내는 그릇이다.

기도가 신앙생활의 기본이지만 묵상이 없는 기도는 알맹이도 없고 힘도 약하다. 기도에 묵상이 따르면 하늘의 은혜가 샘솟듯 넘쳐난다. 묵상은 내가 삶의 주인이 아니라는 고백을 내 삶으로 살아내게 한다. 삶을 안내하는 지혜를 공급하고 이 세상을 대적할 수 있는 힘도 채워준다.

기쁨. 이 책을 다 읽고 난 후 하루 기적의 삶을 시작하고자 할 때 떠오르는 마지막 단어다. 기쁨은 인격의 완성이다. 또한 내 삶을 출발시키고 움직이게 하는 엔진이다. 아무도 나 대신 삶을 살아주지 않는다. 내가 시동을 걸고 출발해야 한다. 기쁨이 그 삶을 출발하게 해준다. 내 삶은 내 책임이라는 사실이 짐이 아니라 가슴 설레는 도전으로 다가온다. 내 삶을 내가 혼자 감당할 수 없음을 알기에 하나님께 구하고 하나님께 맡기고 하나님께 순종하는 책임이 있음을 깨닫고 감사한다. 하루의 기적이 내 인생을 기적으로 만들어 줄 것을 믿는다.

제주에서의 삶을 계기로 나는 새롭게 '생활'을 일구어나가고 있다. 아직 미완성이다. 매일의 평범한 생활을 완성하는 만큼 영성이 만들어진다. 생활이 삶을 세우고 인생을 건축한다. 생활수도사를 왼쪽 가슴에 새긴다. 하루의 기적이 인생 건축 설계도다.

감사의 글

이 책은 신앙인을 위한 자기계발서다. 이 책이 있기까지 내 삶을 계획하고 인도해주신 하나님께 감사와 영광을 돌린다. 하나님께서는 은퇴 이후 내 계획에는 없었던 제주에서의 삶을 준비하셔서 2년 동안 당신의 특별한 은총을 누리게 하셨다.

제주에 내려와 2년간 머문 이곳 움오름 공동체의 원장님께 특별한 감사의 말씀을 전한다. 매일 아침 천국의 식탁을 대하며 건강을 돌보고 하나님과 깊이 교제하는 은총의 시간을 가지도록 배려해주셨다. 그리고 철저한 자기 관리와 영적 훈련의 삶을 보여주시고 이 책을 쓰도록 도전을 주신 것에도 감사를 표한다.

제주에서 사는 동안 한 식구로서 살아온 공동체 식구들에게도 고마운 마음을 전한다. 장신대 선배님이 되시는 배정섭 목사님과 조희

숙 사모님께 감사드린다. 최성하 전도사님과 이윤희 사모님, 그리고 두 분의 자녀 이레, 주아, 요한이도 이곳에서 지내는 동안 삶의 기쁨과 즐거움을 함께 나누는 친구였다. 공동체의 모든 궂은일을 빈틈없이 처리해주시는 박지현 집사님과 식탁을 섬겨주는 오서원 자매에게도 고마운 마음을 전한다. 그리고 그동안 이 공동체에서 건강을 회복하고 영적 생명을 찾고 돌아간 많은 환우들에게도 고맙다는 말을 전한다. 그들을 통해 살아 계신 하나님의 손길을 눈으로 확인하며 은혜를 체험할 수 있었다.

평생 나와 함께 목회와 교수 사역의 길을 걸어오며 기도로 동역해온 사랑하는 아내 차혜란 목사에게도 진심으로 감사의 마음을 전한다. 특히 아내는 이 책의 완성도를 위해 많은 조언과 도움을 주었다. 그리고 이제까지 잘 자라서 자랑스러운 딸이 되어 미국에서 살면서 기도로 함께한 네 딸 예인, 예진, 예현, 예희에게도 고맙다는 말을 전한다.

생활수도사로 사는
하루의 기적

©오규훈, 2022

초판 1쇄 펴냄	2022년 12월 29일
지은이	오규훈
펴낸이	박종태
책임편집	옥명호
본문교열	이화정
디자인	유니꼬디자인
제작처	예림인쇄 예림바인딩
펴낸곳	비전북
출판등록	2011년 2월 22일 (제2022-000002호)
주소	10849 경기도 파주시 월롱산로 64
전화	031-907-3927
팩스	031-905-3927
이메일	visionbooks@hanmail.net
페이스북	@visionbooks
인스타그램	vision_books_
마케팅	강한덕 박상진 박다혜
관리	정문구 정광석 김경진 박현석 김신근 정영도
경영지원	이나리 김태영
공급처	㈜비전북
	T. 031-907-3927 F.031-905-3927
ISBN	979-11-86387-52-8 03230

· 비전북은 몽당연필, 바이블하우스, 비전CNF와 함께합니다.
· 잘못된 책은 구입하신 서점에서 바꾸어드립니다.
· 책값은 뒤표지에 있습니다.